Studio of the South
南方工作室

Van Gogh

Studio of the South

南方工作室

凡·高在普罗旺斯
Van Gogh in Provence

[英] 马丁·贝利 著

洪潇亭 译

广西美术出版社

图书在版编目（CIP）数据

南方工作室：凡·高在普罗旺斯 /（英）马丁·贝利著；洪潇亭译. — 南宁：广西美术出版社，2019.1
书名原文: Studio of the South：Van Gogh in Provence
ISBN 978-7-5494-1953-1

Ⅰ.①南… Ⅱ.①马… ②洪… Ⅲ.①凡高（Van Gogh, Vincent 1853—1890）—生平事迹 ②凡高（Van Gogh, Vincent 1853—1890）—绘画评论 Ⅳ.①K835.635.72 ②J205.563

中国版本图书馆CIP数据核字（2018）第218887号

南方工作室
凡·高在普罗旺斯

著　　者　［英］马丁·贝利
译　　者　洪潇亭
策划编辑　冯　波
责任编辑　谢　赫
装帧设计　陈　凌
内文制作　蔡向明
版权编辑　韦丽华
责任校对　张瑞瑶
审　　读　陈小英
责任印制　莫明杰
出 版 人　陈　明
终　　审　冯　波
出版发行　广西美术出版社
地　　址　南宁市望园路9号　530023
网　　址　www.gxfinearts.com
市 场 部　（0771）5701356
印　　刷　深圳当纳利印刷有限公司
版　　次　2019年1月第1版第1次印刷
开　　本　889 mm×1194 mm　1/16
印　　张　13.5
出版日期　2019年1月第1版第1次印刷
书　　号　ISBN 978-7-5494-1953-1
定　　价　98.00元

目录
CONTENTS

前言

在普罗旺斯的艳阳下，凡·高创作出在阿尔勒时期最热情洋溢的作品。从1888年到1889年，他在这里共住了近15个月，完成了大约200幅画作，速度惊人，平均每周都有超过3件作品问世。这其中有许多都是佳作：开满鲜花的果园、金色的麦田、地中海的海景、邮递员的肖像以及鲜花静物。本书囊括了约三分之一他在阿尔勒时期的画作，大多都是他最具标志性的作品，同时也包括一些知名度不高的作品，比如最近刚刚被确定的高更肖像（图97）。[1]

黄色小屋是凡·高的住处，也是他的工作室，到达阿尔勒两个月后，他租下这里。这儿是他的私人空间，他在此休憩、画画——比起局促的旅馆房间，这里更令人愉悦。凡·高很快就想到要与他在巴黎的一位画家伙伴分享自己的新家。或许生活会因此而变得更拮据，但更重要的是也会因为与同伴共同生活、工作而变得更令人振奋。他将这里称作"南方工作室"。在给弟弟提奥的信里，凡·高首次使用"南方工作室"的说法。他写信给弟弟想要些钱买床和其他家具，感叹道："我多么想赶紧振作起来，这样我就能有一个自己的家了！"[2]一旦布置好，"我们就在南方有了一个工作室，可以为他人提供食宿"。他认为亲爱的黄色小屋不只是一个空间实体，更是一个"生机勃勃的工作室"。[3]

《黄色小屋》一画生动地向我们展现了凡·高的家及其环境，明黄色的房子在深蓝色的天空映衬下，形成戏剧性的强烈对比（图1）。小屋位于拉马丁广场，是阿尔勒的老城墙与火车站之间的位置，小屋的"外墙刷上了新鲜奶油一样的黄色，配有俗气的绿色百叶窗"。[4]凡·高租下的一半建筑最近刚被重新粉刷过，外墙比旁边带有粉色雨篷的房子看起来更亮。

带格子窗的绿色前门开在客厅的位置，这里是凡·高的画室，

图1 《黄色小屋》细部，凡·高博物馆，阿姆斯特丹（文森特·凡·高基金会）

后面是厨房。楼上有两间卧室，一间是凡·高睡觉的地方（画中关着窗户的），另一间较小的是客房。当凡·高提到他的"工作室"时，通常指的是整套房子。艺术是凡·高的生命，占据他醒时的大部分时光。但是这套房子是没有卫生间的，他要跑到黄色小屋后面那幢更大的房子里去使用卫生间，那里还带有一个咖啡馆（在画中可以看见有人在外面坐着喝东西，详见第6页图1细部）。

黄色小屋所在建筑的另一半，一楼是个杂货店（有粉色雨篷的），画中坐在路边戴着白色圆帽的小人很可能就是玛格丽特·克里夫林［Marguerite Crevoulin］。在正门的上方，二楼中间窗户的外面，楼里的住户都可以在此晾晒他们的衣物（如图所见，详见第34页图1细部）。玛格丽特和她的丈夫弗朗斯瓦·克里夫林［Francois Damase Crevoulin］的房间就在二层。他们的孙子在20世纪20年代初曾经住在这栋房子里，我与他取得联系，经他确认位于这栋房子中间的楼梯间（画中棕橙色大门的后面）是可以同时通向凡·高和克里夫林夫妇的房间的。[5][6] 因此两家人时常会在

图1 《黄色小屋》，1888年9月，布面油画，72cm×92cm，凡·高博物馆，阿姆斯特丹（文森特·凡·高基金会）（F464）

图2 黄色小屋和蒙马儒尔大街，约1905，明信片（局部）

晚上相遇。过去我们一直没有真正意识到，两户人家的这种同一屋檐下的关系完全可能在"割耳事件"发生后吓到克里夫林太太，也最终迫使凡·高搬离黄色小屋。

拍出黄色小屋外观的现存最早的一张照片大约是1905年（图2）。房子看起来与凡·高时期几乎一样，只是黄色涂料显得有些脏了，杂货店那一半的底层立面被粉刷过。至于黄色小屋的室内，本书也是首次登出了曾作为画家卧室的房间和它后来主人的照片（图119）。但悲哀的是，黄色小屋在二战时被炸弹炸毁。

对凡·高而言，阿尔勒周边的乡村是他"工作室"的延伸。他喜欢在户外的风景中工作，正是这些风景将他从巴黎吸引至此。普罗旺斯很快就对凡·高的艺术产生了深远的影响，他的调色板也因这里灿烂阳光下的强烈色彩而改变。来到这里4个月后，6月的一天，他写道："当草木清新时，它们有种丰盈的绿色，是我们在北方很少见的绿色，是宁静的。即使当它们变得枯萎，或是布满尘埃，也并不丑陋，而那时风景就呈现出不同程度的金色调子。"[7]正是在阿尔勒，凡·高首次称自己是一个"风景画家"[8]。

＊＊＊

正是在普罗旺斯的日子将凡·高塑造成今天我们熟悉且爱戴的那个艺术家。本书是第一部有关他在阿尔勒的444天艺术生涯的综合性读本[9]。我需要强调的是本书内容并不包括他后来在圣雷米精神

病院的日子，他于1889年5月到次年5月在这个东北方20千米的地方生活。

对发生在阿尔勒事情的调查已经变成一种探索需求。许多日子里，我在这座城市的历史中心狭窄的小巷中穿梭徘徊，想象着凡·高在市场里购物，光顾廉价的小馆子，在咖啡馆与友人争论艺术话题，看斗牛表演，买颜料和画布，给弟弟寄信以及半个月一次在烟花巷里的放纵。

我试图在阿尔勒可能曾与凡·高相遇的人那里寻找对他的只言片语。几乎所有人在二战前就都已不在人世了，但仍有少数几人被早期研究凡·高的专家采访过[10]。人们过去对这些回忆并没有给予足够的重视，而我试图挖开记忆，为凡·高在这里的生活投射新的光亮。

想要与任何认识凡·高的人相识都为时已晚，但值得注意的是有一个人是例外，让娜·卡尔门[Jeanne Calment]。据她说，当凡·高从她家开的布料店购买帆布的时候，她应该是13岁的样子。她以122岁的高龄过世，曾经是活得最久的人。到我采访卡尔门夫人的时候，她的故事已经被加工修饰过。她告诉我说，凡·高是个难看的人，"比起绘画他对喝酒更感兴趣"。当地的孩子会捉弄他，尽管他们会被他蓬头垢面的模样吓坏。"大多数女孩子都害怕他，不过妓女们喜欢他，因为他出手慷慨"，她解释道。最终凡·高疯了，"像切一块奶酪似的切掉自己的耳朵"。[11]

我又找到波利娜·穆拉尔[Pauline Mourard]，菲利克斯·雷[Félix Rey]医生（曾为凡·高治疗）的女儿，她的话多少更可信一些。我们见面的时候她已经90岁了，依旧活力四射，住在丁奎特尔桥[Trinquetaille]附近，凡·高曾经就是在那里找她父亲看病的。波利娜是在凡·高离开8年后出生的，但她仍生动地回忆起家里有关他的故事。在我们认识前，她还不曾见过那幅画着父亲肖像的著名画作的原作（图109），因为原作收藏于苏联莫斯科的普希金博物馆。"我想在死前能看到它"，她对我说。1989年，她的愿望实现了，在这一年阿尔勒的一次展览上，主办方借来了这幅肖像，而后波利娜也在同年离开人世。[12]

今天，很难再从认识凡·高的人那里听到什么新鲜的内容（哪怕听起来很像真的）。所以当我有机会结识在蒙马儒尔[Montmajour]附近拥有土地的一家人时，感到十分高兴。在凡·高的信件里，曾经写到自己在那里画速写，这是个离阿尔勒大约5000米的乡村。他不得不带着"一点面包和一些牛奶"当点心，因为"要从这里返回镇上实在太远了"。[13] 不过这或许不是故事的全部。当时在当地拥有葡萄园的一户人家的后人告诉我，她的曾祖母曾回忆自己时常会给凡·高一些酒让他能继续工作[14]。

大多数的作家都认为在阿尔勒时期的凡·高与其他艺术家相对是隔绝的——除了众所周知的高更是个特例。当然凡·高在阿尔勒的情况完全不同于巴黎时期，在巴黎他加入先锋派的圈子，与许多印象派的领军人物相熟识。然而事实上，在阿尔勒附近的艺术家数量惊人，其中有许多是外国艺术家[15]。本书的插图中有一些是他们的作品，用以与凡·高的画作进行比较，更突出了凡·高的作品何以出众。我们在书中影印了1888年报纸上的一篇文章，其中提到一些在阿尔勒工作的艺术家名字，包括"凡·高先生，一位印象主义画家"（图70）。将凡·高的绘画作品与作品主题的早期照片（比如明信片上的景色）做比较也是一件有趣的事，可以看出他是如何为了艺术效果而调整风景。

***

南方工作室以凡·高的自残而悲剧性地终结。他为何要割掉自己的耳朵，并将它送给一个妓女？隐藏在这些耸人听闻的疑问背后的是一个更为严肃的谜题：究竟是什么令一位如此有创造力的艺术家走向自我毁灭？正如克劳德·莫奈恰如其分地说过："一个这样热爱鲜花和阳光的人，一个能够完美地描绘它们的人，他又如何能做到如此不快乐？"[16]

触发自残事件的导火索，我认为一直以来很大程度被忽略了[17]。就在割耳事件发生前几个小时，凡·高收到一封来自巴黎的信。信中提到他的弟弟提奥认识了乔安娜（乔）·邦格［Johanna（Jo）Bonger］，一个来巴黎玩的荷兰女子，并且在认识几天后决定结婚。凡·高很害怕这样一来自己将会"失去"提奥，他最亲密的伙伴。同样令他担心的还有弟弟是否会取消对自己的经济支持，他一直是借此献身于艺术事业的。所有这一切都因这个他未曾预料的弟弟未婚妻的出现而受到威胁。

如果凡·高能够为弟弟的订婚而感到高兴，那么事实上很难想象他会在收到提奥的消息后几个小时割下自己的耳朵，无论当时他还面临一些什么其他困难——哪怕是和高更友情的破裂。弟弟订婚的事或许并不是根本原因，但却诱发了这一自残行为。医学专家和精神病专家从未停止过对凡·高潜藏的生理、心理问题的争辩，但几乎从未达成一致。

关于凡·高在那个可怕的夜晚去过的妓院，我也有了新的发现。许多年来，我一直申请查看19世纪的市政档案，想了解注册备案的妓院情况，但这些文件一直根据保密协议被封存。不过最终我获得了查看资格。[18] 凑巧的是，档案馆现在就位于镇医院的旧址，我最后是在原先画家治病楼层的一间病房的位置查询档案的。尽管这些文件并没有直接提到凡·高，但却帮助我确认了他寄出那件令人毛骨悚然的包裹的地址：阿尔勒尽端路1号[19]。

在一本极为稀有的国际妓院指南手册中，上述地址再次被得到确认。书名叫作Annuaire Reirum（根据出版商米里耶［Murier］的名字字母倒序写，文后译作《米里耶名录》，译者注），上面罗列了世界各地许多国家的妓院地址，从阿尔及利亚到荷兰。在任何图书馆里都没有1890年的版本保存下来，但巧的是出版两年后，按照字母顺序阿尔勒所在的第一页在一篇论及卖淫的论文中曾被复印下来。[20]

从一张阿尔勒鸟瞰图上可以看到妓院的位置（图9）。在画面右下方最后的一栋房子，靠近城墙和运河。阿尔勒尽端路是一条狭长的街道，从教堂钟塔的中部位置一直往右延伸。

阿尔勒医院原先的登记簿早已遗失了，但是诗人阿尔弗雷德·马西彼欧［Alfred Massebieau］曾经看到过凡·高的入住登记，在1893年的一封信中他曾摘录这条信息。尽管马西彼欧的信在半个世纪后首次发表于一份文学杂志，但却没有被凡·高研究者们注意到。[21] 同时，我还找到了最早刊登割耳事件的报纸，时间是1888年的圣诞节，前一天凡·高被送进医院（图106）。

随着我的研究展开，还有一些意外的发现。在医院给凡·高治病的雷医生，我们都知道他对凡·高的艺术很感兴趣，其实还有其他一些医院的工作人员也如是。医生们确诊凡·高有危险性并把他锁在隔离室（里面的床上有皮带扣住手腕），一周后，凡·高便说服三位工作繁忙的资深医护人员与他一起回家，为了看他的画作。

人们普遍知道凡·高在有生之年未曾卖掉过自己的作品，甚至可以说事实上当时的艺术机构对他是视而不见的。尽管这种看法基本上是属实的，但正是在阿尔勒的日子里，有迹象表明有人开始对他关注赏识。[22] 不过绝大多数凡·高的研究学者都没有发现他的一幅描绘果园景色的作品受到约瑟夫·伊斯拉埃尔［Jozef Israëls］的赏识——后者在当时被尊为在世最伟大的荷兰艺术家。当年迈的伊斯拉埃尔看到《粉色桃树》时（图12），曾称凡·高是"一个聪明的小伙子！"[23]

　　凡·高在他的静物画作品中所流露的真情实感打动了我，因为他选择描绘对象总是出于极其个人的原因。《有咖啡壶的静物》（图18），是他庆祝自己刚刚找到家的幸福感（以及对咖啡的喜爱）。《卧室》（图21）是他刚刚装饰好房子，那一刻他找到了给予他全然的宁静的地方，找到了可以梦想自己画着各种作品的地方。《凡·高的椅子》（图98）就像是一幅自画像，他画上了自己忠心耿耿的烟斗和烟草（他不停地抽烟，这代表一种持续不断的慰藉）。《有洋葱和信的静物》（图111）上面画了装有他收到的最重要的信件的信封。

＊＊＊

　　要想把凡·高的生活从他的艺术中分离开来是很困难的，两者是如此亲密地交织在一起。艺术具有最恒久的重要意义，艺术是本书最主要的焦点，但是对艺术家所面临的个人挑战的了解给予他的个人成就更多一层含义。我着手同时讲述艺术的故事和生活的故事，涵盖他在阿尔勒的近15个月（在开篇的序曲部分是以巴黎为背景的时光，凡·高在此生活了两年后开始南下）。

　　一直以来我的目标就是从新的角度来看待凡·高，利用新的信息和图像来勾画他最具创造力的时期。本书中有二十几张插图是在此前任何凡·高的研究作品中都不曾出现过的。对凡·高在阿尔勒的生活的讲述或多或少按照时间顺序，但同时在不同章节也关注了他的艺术或生活的不同方面。在书中我尽可能引用凡·高自己对于作品、地方和人的生动语言。凡·高的艺术与信件令我们有幸能够通过他的双眼来看普罗旺斯——鲜花绽放的果树、金色的麦田、繁茂的葡萄园和盘根错节的橄榄树。他对于普罗旺斯地区风景的探索在引领现代主义绘画走向改变中扮演了至关重要的角色。在此我希望读者您，能追随凡·高享受这一发现之旅。

序曲

巴黎

"看起来想要在巴黎工作几乎是不可能的，除非能有一处避难所能让你在那儿恢复状态，重拾精神的宁静。"[1]

《艺术家模样的自画像》（图3）大概是凡·高生活在巴黎时期完成的最后一幅作品，后来他就去了阿尔勒。画家在一块画布上作画，我们并看不到上面有什么。他拿着调色板，上面带有两个装有油和松节油的小罐，还有7支笔，准备使用。在凡·高数不清的自画像中，大多数都是简单的从头到肩的构图，但在这一幅中，他将自己画成正在作画，眼神朝向画架之外的地方。

凡·高形容这幅自画像上的自己"留着很红的络腮胡，十分凌乱"[2]。他微微噘起的嘴唇、凹陷的深色眼睛显现出一种明显的忧郁。最为触动人心的是画面中这个男人的坚定眼神，他正专注于拓展现代艺术的疆域。这幅画作是凡·高在1888年2月花了几周时间断断续续完成的，对于一个能够在一天之内完成画作的艺术家来说这个时间算是蛮久的。他对最终的结果表示满意，在画中画框的支架位置上得意地用红色颜料签名。

凡·高把这件作品留在巴黎，作为一件告别之礼赠予弟弟提奥——同时也令人想起他在这里的两年生活。关于这幅画，他后来写到，他一直在找寻"一种比照片的逼真更为深层的逼真"[3]。提奥的妻子乔后来认可这一点，她称赞这件作品作为自画像是"最像他的"[4]。

图3 《艺术家模样的自画像》细部，凡·高博物馆，阿姆斯特丹（文森特·凡·高基金会）

这幅自画像生动地展示出凡·高在巴黎的日子所取得的巨大进步。凡·高进入绘画领域是非常晚的,他直到27岁在布鲁塞尔生活时,才真正开始画画。1881年,他返回故乡荷兰,在那里他用了四年时间提高自己的绘画技巧,基本上全靠自学,去过埃滕、海牙、德伦特和纽能等地。1885至1886年冬天,他在安特卫普小住之后,于2月来到巴黎,立刻沉醉于这里极富创造力的艺术环境带给他的兴奋之中。巴黎是印象主义者的中心,这些人用一幅幅注入了光的图景将绘画带入一片新天地。

凡·高来到巴黎是为了能和提奥一起生活,后者既是他的经济支持,也是他的情感寄托。提奥比凡·高小四岁,当时为巴黎画商布索与拉法东[Boussod & Valadon]工作,就是我们以前知道的古皮耶[Goupil]。他住在蒙马特高地山脚下一间很小的公寓里,但当凡·高到来后,便需要更大的空间,于是两兄弟搬到了靠近山脊的地方——勒皮克[Lepic]街52号。

此前人们似乎认为凡·高从来没有画过弟弟的肖像。但研究凡·高的专家路易·凡·蒂尔堡[Louis van Tilborgh]坚信一幅长久以来被看作是凡·高自画像的作品其实画的是提奥(图5,插图就是实际尺寸)。凡·蒂尔堡发现两幅同样风格的小型"自画像"明显画的不是同一个人,尽管有着相似的面孔。通过将两幅画作中的相貌特征与照片(比如图4)以及其他一些自画像对比,凡·蒂尔堡得出结论,其中一幅一定是凡·高,而另一幅——戴草帽的这个人其实是提奥。[5]

1886年2月到达巴黎后不久,凡·高就开始在费尔南·科尔蒙[Fernand Cormon]开办的美术学校学习,后者是一位成功的艺术家,擅长戏剧性的历史画场景。凡·高的同学中有当时17岁的埃米尔·贝尔纳[Emile Bernard],二

图3 《艺术家模样的自画像》,1888年2月,布面油画,65 cm×50 cm,凡·高博物馆,阿姆斯特丹(文森特·凡·高基金会)(F522)

图4 提奥·凡·高,1889年1月,小弗雷德里克·凡·罗斯马伦[Frederik van Rosmalen Jr]拍摄,凡·高博物馆,阿姆斯特丹(文森特·凡·高基金会)[6]

图 5 《提奥·凡·高》，1887 年夏，纸本油画，19 cm×14 cm，凡·高博物馆，阿姆斯特丹（文森特·凡·高基金会）（F294）

人很快建立了友谊。他们一起画画，一起享受波西米亚的夜生活。令人吃惊的是，最近有人在一本收录了贝尔纳800多件素描的大型画册中确认出其中一幅无名之作上面画了凡·高。这一发现是2015年公布的，本书中收录了这幅画，也是首次在研究凡·高的作品中露面，也同样是其实际尺寸（图6）。[7]

这是一幅匆匆而就的即兴速写，捕捉到凡·高在一家咖啡馆喝东西的画面，极可能是在蒙马特。他面前的两个酒瓶显得十分突出，身后还坐着两个女子，有可能是妓女。无论是饮品还是女伴看起来都没能让凡·高感兴趣，他望向画面以外，看起来很平静，却略有小恙。最引人注意的是他那双凹陷下去、目光犀利的眼睛，与他那幅在巴黎的最后的自画像如出一辙。

随着在科尔蒙的画室学习，凡·高愈加感觉受挫，短短三个月后他就离开了，想要按照自己的方式来学习。他很快就发现了印象主义，并结识了当时许多现代主义绘画的核心人物，包括卡米耶·毕沙罗、埃德加·德加、乔治·修拉、保罗·西涅克、亨利·德·图卢兹-劳特莱克，还有最重要的——保罗·高更。

正是在巴黎，凡·高的调色板成形了，他放弃了之前在荷兰绘画中使用的黯淡、柔和的色调。他很快就探索出如何使用大胆的、富有活力的笔触来上色，比如《艺术家模样的自画像》。最近博物馆管理员证实，画中调色板上的颜料正是他用来画这幅作品使用到的颜色。除了白色，最主要的几团颜料是三原色（红、黄、蓝）和三间色（橙、紫、绿）。凡·高沉迷于对互补色的喜爱之中，他让橙色的大胡子与蓝色的外套形成对比，明亮的色调呼之欲出。[8]

在巴黎待了两年后，凡·高开始渴望改变。在首都的生活变得压力重重，他自己也饮酒过度，于是四处探寻想要找一个更加安静的环境。尽管他与弟弟亲密无间，两人却也时常爆发冲突，在提奥的公寓的生活变得艰难。凡·高意识到温暖的气候能够让更多的户外工作变得可行。他最终选择了阿尔勒，去往地中海地区的火车在到达马赛前的最后一个小镇。虽然兄弟俩将分隔600千米之远，提奥却一直在凡·高在阿尔勒的生活中扮演重要角色——定期寄钱给哥哥补贴生活，频繁通信以及提供精神支持。

1888年2月19日，星期天，这是凡·高在巴黎的最后一日，他与提奥一起去了修拉位于蒙马特山脚下的工作室。这次拜访给兄弟二人留下了深刻的印象，直到两年后，凡·高还回忆当时他俩如何"被修拉的画作深深打动"。后来在阿尔勒，他考虑过用自画像和

图6 埃米尔·贝尔纳,《文森特·凡·高》, 1886 年 7 月, 淡蓝色纸, 墨水, 14 cm × 10 cm, 艺术画廊, 不莱梅

修拉交换——甚至试探性地提议修拉可以加入高更和自己的黄色小屋。[9]

　　也正是在这最后一日的晚上, 凡·高和贝尔纳一起装饰了提奥的公寓。贝尔纳后来回忆起凡·高的建议: "我明天就要走了, 让我们一起把画室布置一下吧, 这样一来我的弟弟会觉得我仍然还在那儿。"于是两位都极其崇拜日本艺术的画家, 在墙上钉上一些日本版画。他们还把凡·高的几幅作品装上画架(说不定也包括那幅最后的自画像, 画着凡·高在画架前)。剩下的几十幅画堆在一起, 那是他两年巴黎生活的成果。凡·高给贝尔纳的离别寄语是邀请他去阿尔勒: "南方才是我们现阶段应该成立未来工作室的地方。"[10]

第一章

发现阿尔勒

"有漂亮女人的风情万种的小镇。"[1]

凡·高在一个非凡的时刻到达了普罗旺斯。离开巴黎坐了一夜火车，他在1888年2月20日的早晨醒来，发现窗外的乡村被大雪覆盖，然而阿尔勒的冬季通常都是温和的地中海气候。他这样对提奥描述眼前的场景："大雪下的风景，白色的山峰耸入同样纯白如雪的天空，就仿佛是日本画中的冬季风景。"[2]白色的山峰是阿尔皮耶山（小阿尔卑斯山），有着陡峭山峰的绵延山脉，始于阿尔勒北部——它们很快就将出现在凡·高的许多风景画的背景中。当地的一份报纸报道这场降雪量达45厘米的大雪，"对一片属于太阳的大地而言是巨大的"[3]。

阿尔勒的火车站正位于镇中心以北，所以凡·高可能需要一名搬运工帮他拿行李（见图10中地图上的右上角）。他很快就到达了拉马丁广场，这里是以诗人和政治家阿尔方斯·拉马丁［Alphonsede Lamartine］命名的，他曾倡议建设巴黎到马赛的铁路。当穿过公共花园（卡瓦勒里花园［Jardindela Cavalerie］）后，凡·高来到卡瓦勒里大门，这里有一对16世纪的圆形钟塔，是阿尔勒老城墙的一部分。接着他进入镇上的历史中心，其历史可以追溯到罗马时代。

凡·高在位于阿米得·皮绍街［Amédée Pichot］430号的卡雷尔旅馆［Hotel Carrel］找到一个房间。阿尔伯特·卡雷尔和卡特琳娜·卡雷尔夫妇经营着这个中等规模的饭店，底层有一间餐厅，楼上两层是客房。在登记入住后，凡·高就出门去探索这座小镇了。对于一个从未涉足巴黎以南的北方人来说，普罗旺斯一定是极具异域风情的，即使是在冰雪消融之时。

阿尔勒在当时有23500名居民，是一个集镇。它紧凑的格局

图40 《从麦田看阿尔勒》
细部，罗丹博物馆，巴黎

也就意味着凡·高在这里可以很方便地买到日常所需。商店、咖啡馆、餐馆遍布小镇，河边的步道也只有2分钟路程可达。不过中世纪留下来的狭窄的、鹅卵石铺就的小路仿佛迷宫一般，在冬日里看起来昏暗而破旧。"这儿很脏，这座小镇，街道老旧"，凡·高给提奥回信写道。然而，尽管看起来是"病态的、凋敝的"，一旦当你开始了解这里，"它就开始散发一种古老的魅力"。[5]

能够呈现19世纪的阿尔勒全貌的最佳图像来自一张以东边的位置，在热气球上俯瞰的角度制作的版画（图9）。罗马竞技场位于小镇中心，城墙勾勒出城区的边缘。罗恩河作为一条航线的重要性也被河上船只往来进行交易的景象凸显出来，虽然前景中新建成的铁路线很快就将成为最主要的交通方式。火车站的位置正好位于右边边界以外，而右半边绿色的区域就是拉马丁广场的公共绿地。

阿尔勒有两个最出名的地方，一是其古典时期的古迹，再有就是这里的女子以美貌而著称。这里曾是法国南部最大的古罗马定居点，有三个重要遗址保存下来：竞技场、剧场和古罗马墓园亚力斯坎［Alyscamps］。令人惊讶的是，对于这样的文化背景，凡·高却显得无动于衷，虽然这些估计吸引了许多其他艺术家。他从未画过这些引人入胜的古罗马剧场遗迹，甚至没在信件中提到过，不过他倒是提到过这里出土的著名的阿尔勒的维纳斯雕塑[6]。这里的竞技场是罗马以外最大的一个，曾经恢复使用，用于斗牛活动。但是，最终赢得凡·高想象力的不是其古老的历史和风化的巨石，而是牛和兴奋的观众。墓园的地上排放着许多古代石棺，但当凡·高终于在那里作画了，他感兴趣的并不是古墓，而是林荫道。

真正让凡·高关注的是阿尔勒的姑娘，

图7 卡雷尔旅馆，约20世纪20年代，照片[7]

图8 《肉铺之景》，1888年2月，布面油画，40 cm×32 cm，凡·高博物馆，阿姆斯特丹（文森特·凡·高基金会）（F389）

这些姑娘因其惊艳的美貌和独特的服饰享有盛名。阿尔方斯·都德 [Alphonse Daudet] 创作于1869年的短篇小说《阿尔勒姑娘》就曾赞美过她们，她们也一直是艺术家们钟情的主题。到这里不久，凡·高就开始想要找个阿尔勒姑娘来做模特，但姑娘们并不情愿做他的模特，往往需要几个月才能找到一个。

　　凡·高最初的外出活动之一就是参观当地的两家博物馆。雷阿图 [Réattu] 博物馆有绘画展览，这里始建于 1868 年，展品由阿尔勒画家雅克·雷阿图的女儿提供。博物馆位于一栋文艺复兴时期的宅邸，除了藏有雷阿图自己的作品，还有其他一些他收藏的画作。整个收藏并不被看好，很多画作都被认为是原作者的赝品。凡·高对此也表示认同，他形容这座博物馆"很可怕，是个笑话"。[8]

　　凡·高对另一家拉比戴尔 [Lapidaire] 博物馆着实更具热

图9　阿尔弗雷德·盖东，《从热气球上俯瞰阿尔勒》，约1850年，彩色版画，29 cm×44 cm [9]

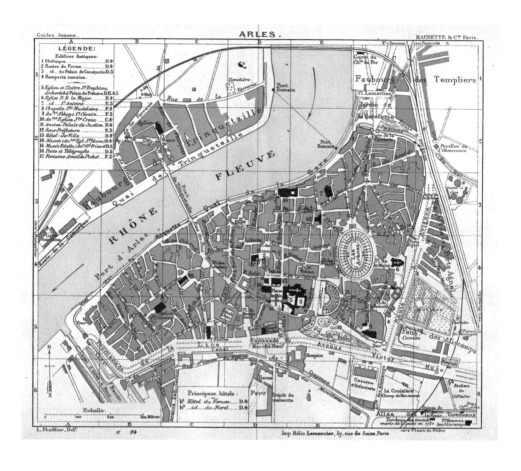

情，这里收藏的古董被他称作"是真的"。这间博物馆拥有法国最优秀的古罗马雕塑和石碑收藏之一。它们展示于共和广场上改为世俗用途的圣·安妮教堂。穿过广场就是圣·特罗菲姆教堂［St Trophime］（原先的主教堂），以其大门上精彩绝伦的雕刻而著名，有使徒、圣徒和各种奇怪的生物。凡·高称这个12世纪的正立面是"令人倾慕的"，虽然上面的形象是"那么残酷、那么丑陋"。[10]

尽管凡·高从巴黎带了画材，但立刻就焦急地想知道哪里可以买到颜料和画布。他很快就发现这些可以从"杂货商或书商"那里获得。[11]杂货商（也是五金商人）朱尔·阿尔芒［Jules Armand］的商店就在卡雷尔旅馆附近，十分方便。阿尔芒自己也是一个有天赋的业余艺术家，在凡·高生活在阿尔勒的这段时间，他至少画过三幅这个荷兰人也画过的主题：罗马墓园、蒙马儒尔修道院以及一位阿尔勒姑娘[12]。几十年后，阿尔芒的妻子约瑟芬·罗南

图10 阿尔勒地图，Arleset Les Baux，Guides Joanne，1896年[15]

图11 《带烟囱的铺瓦屋顶和教堂钟楼》，1888年4月，纸本墨水，26cm×35cm，私人收藏（F1480a）

[Joséphine Ronin] 回忆道，凡·高是个"非常有新意的人，疑心很重……长着蓝色的眼睛，留着一小撮红色的胡子"[13]。

在凡·高最早一批阿尔勒绘画中，有一幅被他平淡地形容是画着"有一间肉店的一段人行道"（图8）[14]。可以认出画中商店橱窗上方的招牌上的字"Reboul……rcutier"。Paul Reboul，食品商人，他的店就在卡雷尔旅馆对面。凡·高很有可能就是在他安逸地住在里面的时候，透过饭店的玻璃门画下这一场景的。他那引人注目的构图利用门上简洁的格子，令人想起一些日本版画。

凡·高还从饭店三层的屋顶平台的位置画过一幅速写，远眺小镇（图11）。时间大概可以推至4月，当时他租了平台上一小块有顶的地方，用来晾干他的画。画面中主要是陶制的屋顶瓦片，朝向西南方。靠近中间位置的教堂钟楼是圣·朱利安；在左边远远处能看到古罗马竞技场的一个钟塔，还有科尔德利女修道院的钟楼塔尖。

卡雷尔旅馆是个生活方便的根据地，但是在住了两个月之后，凡·高与饭店主人发生了一连串的纠纷。对此他解释，一部分原因在于他的"画比别的住客多占了一点点空间，那些人都不是画家"（这里的住户许多都是来自卡玛格地区［Camargue］的牧羊人）。凡·高也不喜欢他家的餐馆，抱怨他们甚至不会好好煮个土豆，而他们的红酒是"真正的毒药"。[16]很多年后，卡特琳娜·卡雷尔生动地回忆起这位房客："他除了工作无所事事。就连吃饭他都盯着自己的画布，不断润色。他的工作速度很快。"[17]

第二章

鲜花盛开的果园

"我曾想画一幅充满欢乐的普罗旺斯的果园。"[1]

春天即将到来，当凡·高在阿尔勒待了将近两周之时，他已经画了两幅小画，内容是"一株杏树无他物，自顾开放"，他所说的"他物"指的是雪[2]。他是在探索乡村的散步途中发现杏树开花的。天气很冷，很难室外工作，于是他折了一小根树枝，带回自己局促的旅馆小屋。这两幅朴素的静物画，分别送给了提奥和他们的妹妹威尔［Willemien（Wil）］，他日后很快便开启了一个野心勃勃的室外果园计划。

1888年3月下旬，凡·高开始热衷画各式各样的开花的果树，杏子、樱桃、桃子、梨子和梅子。他将眼中的惊喜描绘出来。鲜艳的蜡笔色调在乏味的冬季风景中迸发绽放。自童年在布拉班乡村生活开始，凡·高对于季节的转换便十分敏锐，然而地中海风情的普罗旺斯之冬是截然不同的。这些早开花的果树，对他而言，象征着新生，凡·高开启了在南部的新生活，对于未来，心中充满热忱。

花果让他同样会想起的还有日本，在巴黎之时，他就已经爱上了日本艺术。与许多先锋艺术家一样，凡·高对日本彩色版画非常感兴趣。这些版画构思大胆，用色明快，看起来充满魅力和异域风情。当凡·高于巴黎生活工作之时，曾购买了几百幅版画，其中大多数都带有开花的果树——日本艺术家们最钟情的一个主题。[3]画开花的果树，还有一些很实际的原因，"开满鲜花的果园，这个主题系列我们有机会售卖和与人交换"，凡·高写信给提奥道。[4]凡·高在镇东、镇南的几个果园创作，他会在室外工作，但会在回到旅馆之后完成收尾的几笔，另外再画其他一些版本。他作画速度很快，涂上厚厚的颜料来捕捉光线与色彩，创作的画面，有一种扑面而来的鲜活感与即视感。

图12 《粉色桃树》细部，克罗尔·米勒博物馆，奥物洛

在最早的这一系列中有一幅是《粉色桃树》（图12），"两株桃树鲜花绽放，蓝天、白云、阳光，闪耀的背景上桃粉点点"[5]。（其中一棵树几乎被前面的一棵遮挡住了。）凡·高完成这幅作品的时间是1888年3月30日，这一天是他35岁生日。

当他回到旅馆，发现一封妹妹威尔寄来的信，附带一篇荷兰风景画家安东·毛沃［Anton Mauve］的讣告。他是他们的表姐杰特［Jet］的丈夫。凡·高与毛沃之间有着特别的联系。正是他在7年前还住在海牙的时候帮助凡·高学习绘画。在读讣告时，"有种什么东西仿佛抓住了我，令我情绪激动，喉咙哽咽"，他给提奥写道。于是他马上在画上题字纪念毛沃，并赠予杰特。他想让她能够拥有一幅画，"既是温柔的，又是愉悦的"。[6]

凡·高的这件礼物或许还存在某一种潜在的动机。他希望艺术爱好者能在杰特家看到这幅画。这一希望以一种意想不到的方式实现了。就在那一年晚些时候，约瑟夫·伊斯拉埃尔在那里看到了这幅画。他是19世纪最成功的荷兰画家。伊斯拉埃尔看到后说凡·高"是个聪明的小伙子"。[7] 1888年12月23日，威尔写信给提奥，转述了这一令人惊讶的夸赞。而这一天也正是凡·高割耳朵的日子。如果凡·高能听到自己祖国最著名的艺术家（他也一直十分仰慕）对他如此的赞誉，或许他永远也不会拿起刀片。

凡·高是与朋友克里斯汀·莫里尔-彼得森［Christian Mourier-Petersen］一起画《粉色桃树》的（图13）。当时这位丹麦画家就在凡·高右边几米的位置作画。他在两棵树之间画出了更明显的间隔。两位画家用不同的方式来捕捉花开的场面。莫里尔-彼得森之作比起凡·高的点状效果更多了一份优雅。

莫里尔-彼得森也从巴黎来，他比凡·高早几个月到达阿尔勒。这个丹麦人在给一位在哥本哈根的朋友写信时提到了两人的初识。他说自己认识了"一位荷兰画家，一个印象派……起初我觉得他'疯疯癫癫'，然而现在我逐渐发现他的疯癫中是有某种条理方法的"[8]。莫里尔-彼得森在阿尔勒一直待到5月底，凡·高说在那之前他俩"每日"相见[9]。他们享受着彼此的陪伴，丹麦人后来在咖啡馆[10]回忆起两人的讨论。然而，凡·高并不为他朋友的艺术技巧所动，形容为"枯燥的、正确的、胆小的"[11]。

在画桃花差不多一周之后，凡·高开始画梨花，见《柏树围边的果园》（图14），可能是在同一个农场。将柏树种在农场受风的一边，可以保护果子不受吹过罗恩河谷的冬季强冷空气密斯特拉的侵害。密斯特拉常常给凡·高带来困扰："风给我的画画带来许多麻烦。不过，我把画架固定在嵌入地面的桩子上继续工作，真是太棒了。"[12]

在给贝尔纳写信时，凡·高称《柏树围边的果

图12（右图）《粉色桃树》，1888年3月，布面油画，73 cm×60 cm，克罗尔-米勒［Kröller-Müller］博物馆，奥特洛（F394）

图13　克里斯汀·莫里尔-彼得森，《桃花盛开》，1888年3月，布面油画，55 cm×45 cm，希施斯普龙［Hirschsprung］收藏，哥本哈根

园》是"普罗旺斯果园的入口,有黄色的芦苇篱笆,有防护(抵挡密斯特拉),有黑色柏树,有各色蔬果,黄色的莴苣、洋葱、大蒜和翠绿的韭菜"。他这样评价自己粗简、仓促的画法:"我用不规则的笔触在画布上涂抹,这些浓厚的颜料,看起来就像画布上裸露的色点。这里或那里的边边角角不可避免的看起来是未完成的、需要再加工的、粗糙的。"[13]

凡·高以一种疯狂的速度作画。全然是因为意识到鲜花生命的短暂。4月5日,他写信给提奥,极不耐烦地要多一些颜料:"我有一幅新的果园要给你,但是看在基督的份儿上,赶紧再给我弄些颜料来,别再磨蹭。果园开花的季节是十分短暂的,而且你知道,这是那种令所有人都开心的主题。"他要的材料数量巨大——107管颜料和10米画布。过了四天之后,他变得更加焦虑不安:"想要画果园的这种激情并不永久保持……我什么事也做不了了,只想趁热打铁,果园画完后,(我)将精疲力竭。"[14]

图14 《柏树围边的果园》，1888年4月，布面油画，32cm×40cm，私人收藏（F554）

图15 《白色果园》，1888年4月，布面油画，60cm×81cm，凡·高博物馆，阿姆斯特丹（文森特·凡·高基金会）（F403）

几天之后，凡·高已经开始创作"一些有着成千上万黑色枝条的黄白色的梅花树"——《白色果园》（图15）。然后又一场密斯特拉风来临。但这两场"巨风"之间却有"阳光足以让这些白色的小花闪耀绽放"。莫里尔-彼得森在他画画时出现，又一次亲密的合作关系。凡·高很喜欢自己的画，建议提奥装在"白色的画框里"看起来会最好。[15]

果园系列差不多持续了四周，从1888年3月24日一直到4月20日。在这段时间，凡·高一共完成了15幅画[16]。他将果园视为一个"系列"[17]。这是最近莫奈、塞尚等先锋画家刚采用的概念。他同时还学习了日本艺术家葛饰北斋的做法，制作同一主题的多张版画。春季的鲜花代表了凡·高对普罗旺斯乡村的初次探索，对未来的一切充满热情的尝试。

第三章

艺术家之屋

"我住在小小的黄屋子里，绿色的门窗，里面刷白。"[1]

1888年5月1日，凡·高告诉提奥，他租下了很快被他称作自己的"黄色小屋"的房子，位于拉马丁广场2号。事实上提奥将成为那个需要及时支付房租、购买家具的人，所以这条消息是很敏感的，而凡·高用了一种迂回的方式告诉对方。信的一开始他说自己刚刚寄了几十幅素描，其中一幅他单独挑出来特别提醒：一个公共花园，上面有两栋带山形墙的小房子（图16）。接着凡·高在信中轻描淡写地说："哦，对了，今天我把这栋房子右边的一半租了下来……它的外面被刷成黄色，里面是白色。"[2]

凡·高的素描给人的印象是黄色小屋位置极佳，面对公园绿地。而实际上它所在的位置属于镇上比较差的地段，正好处于火车站和妓院的中间，并且离几家通宵咖啡馆和警察局也很近。拉马丁广场应该一直属于终日吵闹的地方。

凡·高一定是意识到提奥很难在随信所附的素描里找到他新家的位置，于是他在信中又粗略地画了一幅带有细节的草图。黄色小屋有三个窗户，不过他把房门画在了错误的一边（图17）。无论是附上的素描还是信里的草图，凡·高还犯了一个莫名其妙的错误：他画了两个分开的小房子——而它们其实是一分为二的一栋房子的两部分。左边一半是弗朗斯瓦·克里夫林和玛格丽特·克里夫林经营的杂货店，右边一半是黄色小屋。一个训练有素的画家在做出重大决定租下一处住所之后，居然会在描绘建筑外形时犯了两处低级错误，这真是不可思议。

尽管凡·高很快就在房子里布置好自己的工作室，但他并不睡在那里。从19世纪60年代初期起，黄色小屋就已经空关了有些时日，陈设已经开始毁坏。这也就解释了为什么每个月租金只有非常

图1 《黄色小屋》细部，凡·高博物馆，阿姆斯特丹（文森特·凡·高基金会）

便宜的15法郎。[3] 凡·高和房东立即对小屋进行了修护和装修，褪色的黄色外墙在月末也得以重新粉刷，于是小屋变成了"黄油"的颜色，画家也因此为之起了一个十分个人化的名字[4]。

由于这套房子是不带家具的，凡·高就需要买床和其他家具，但他却没有足够的钱。1888年5月开始的最初几天，他仍然睡在卡雷尔旅馆，但是新签订的租赁合约意味着在与旅馆老板发生矛盾时他更有底气。在与卡雷尔一家又一次争吵之后，他搬了出来，住在"站前咖啡馆"的一间屋子里，离黄色小屋就几步之遥。这家咖啡馆是由约瑟夫·吉努[Joseph Ginoux]和玛丽·吉努[Marie Ginoux]夫妇经营的，凡·高早已与他们建立了友好关系。

能够安顿下来，每天在黄色小屋工作，凡·高很享受这种生活，小屋给他提供了充足的空间堆放他的各种材料。他向提奥汇报自己买了些东西"可以在家煮点咖啡或者炖点肉汤，还有两把椅子和一张桌子"[5]。一周后，他完成了《有咖啡壶的静物》（图18），这是一幅表现心满意足的家庭生活的画。画面中心是他刚买来的珐琅咖啡壶，咖啡壶旁边分别是品蓝色的茶杯、茶碟，一个棋盘格图案的牛奶罐，一个锡釉彩陶的大罐子和小杯子，一个小碟子以及两个橘子，三个柠檬共同构成整幅画面。所有这一切都放在一块浅蓝色的桌布上，与之形成对比的是黄色的背景。

尽管对物品的选择有部分是出于审美需要，但选择这些日常物品主要还是为了说明自己新的居家生活。不同寻常的地方在于，整幅画四周用红色画了一条窄边，外面又用白色画了一条宽边，用错视法画了一个白色的木框（凡·高难得几次画的边框在出版印刷时常常被错误地裁掉）[6]。他很喜欢这幅画，用红色笔签名，可能曾将它挂在厨房。

拉马丁广场北边那一小组建筑如今成了凡·高的小世界的中心，正如在他9月画的那幅生机勃勃的《黄色小屋》（图1）中看到的一样。隔壁是克里夫林家的杂货店，方便购买生活必需品（毋庸置疑凡·高在等着提奥寄来生活费前会赊账购物）。再往左边过去，在树下的粉色建筑，是一间由70岁的玛格丽特·维尼萨[Marguerite Vénissac]经营的饭馆，凡·高经常在那里吃晚饭。再往左边（但是不在画里）就是"站前咖啡馆"，他睡觉的地方。[7]

黄色小屋旁边的马路是蒙马儒尔大街（或塔拉斯肯路[Tarascon]），穿行于两条高架铁道下。凡·高的工作室和厨

图16 《黄色小屋前的公共花园和池塘》，1888年4月，纸本墨水、铅笔，32cm×50cm，凡·高博物馆，阿姆斯特丹（文森特·凡·高基金会）(F1513)

图17 黄色小屋的草图，画在凡·高给提奥的信中，1888年5月1日，纸本墨水，阿姆斯特丹（文森特·凡·高基金会）[8]

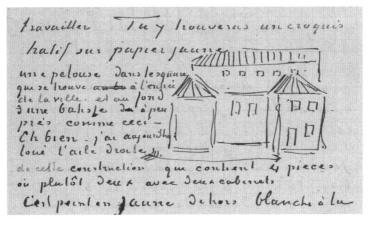

房的边窗对着这条马路，经过的行人有时可能会瞥到他那有些奇怪的家，好奇他的工作。画家或许为了打消他们的好奇心，便在户外的大花盆上画了夹竹桃，可见之于《黄色小屋》（两个边窗下面）。[9] 凡·高给提奥写信，热情洋溢地说到"工作室最令人欣喜的就是对面的花园"——这里在他春天租了房子之后看起来一定是最漂亮的[10]。拉马丁广场在19世纪70年代初曾被改造，变成三个小型公共花园，其中最大的一个正好对着黄色小屋。初秋，凡·高画了一系列有关这些花园的作品，日后成为他家的装饰品 [décoration]，他用这个词来指挂在黄色小屋刷白的内墙上的比较大的作品。凡·高这样形容《情侣散步在公共花园》（图19），"一棵碧绿的巨大杉树横向伸展着枝杈，树下是鲜绿的草地和沙地（小路），光影斑驳"，有"一对恋人"。[11] 戴着草帽的人大约就是画家自己，凡·高想象着自己与一位女伴一起散步。

直到9月中旬，凡·高终于买了一张床，这才开始在黄色小屋就

图18 《有咖啡壶的静物》，1888 年 5 月，布面油画，65 cm×81 cm（包括红色和白色的边框），私人收藏（F410）

图19 《情侣散步在公共花园》，1888年10月，布面油画，73 cm×92 cm，私人收藏（F479）

寝。这令他十分满足。在装饰一新的家里，"我能够生活与呼吸，我能够思考与作画"，他给威尔写道。一个月后，他画了一幅新卧室的画，这一场景描绘出他对于拥有一个属于自己的家的欢愉。在经过一周的密集工作后，他睡了长长一觉，然后开始绘制这一主题。"我已经睡了16个小时"，他对提奥写道[12]。在他完成《卧室》这幅画的前一天，他寄给弟弟一张草图（图20）[13]。在最终的画作中，他做了基础修改，将衣架上的草帽挪了位置，并且把梳妆台下的脸盆拿掉了。他还在床的上方添加了两幅带框的画。最重要的是，他改变了枕头上方悬挂的图像——原先是母亲安娜的肖像，是他一周前完成的（图56），现在变成了一幅风景，可能是一幅虚构的作品（而非遗失之作的复制品）。

在最终完成的《卧室》（图21）上可以看到床的上方一共悬挂了5幅画——一个迷你画廊。除了床头的风景，其他几幅分别是他在阿尔勒最亲密的朋友比利时画家欧仁·博赫［Eugène Boch］（图55）和轻步兵战士保罗-欧仁·米列［Paul-Eugène Milliet］（图58）的肖像。在它们下面，有着白色宽边的两幅可能是他最喜欢的日本版画。桌子上方挂着一面镜子，购于9月初，他用于刮胡子或者画自画像。还有两把"空椅子"，可以预见几周后他那些不可思议的大胆绘画（图98）。

　　凡·高对《卧室》的评论集中在色彩上："墙是浅紫罗兰色的。地板是红砖的。床架和椅子是鲜艳的奶油黄色。床单和枕头是明亮的柠檬绿。床罩是猩红色。绿色的窗户、橘色的梳妆台、蓝色的脸盆、淡紫色的门……家具的坚固同样可以传递一种不可动摇的宁静。"这幅画"着色朴素，画得很平，就像日本版画"。[14]如同在日本艺术中，是没有阴影的。

　　如今人们认为凡·高对色彩的描述相当重要，因为他的颜料现在已经褪色（很不幸，这是他许多画作都存在的普遍问题）。所以尽管他形容墙壁是"浅紫罗兰色"，用来混合紫罗兰色的胭脂虫红已经褪色，令它看起来是蓝的。凡·高博物馆的修复人员最近利用现代科技手段通过显微镜检测颜料样本，证实了这些变化。[15]

　　很难说清画上的房间是在白天还是黑夜，因为窗户看起来是关着的（10月份就没有必要用来遮挡普罗旺斯的阳光了）。凡·高描绘了一个受庇护的环境，隔绝了日常生活的压力，也隔绝了拉马丁广场的喧嚣。他试图唤起一种宁静的气氛；"看着这幅画应该放松心灵，更确切地说，放松想象力"[16]。

　　画面中的景象看起来并不舒服，卧室看起来简直歪歪扭扭的，仿佛在梦境中一般——不过其中部分原因在于这个房间平面是不常见的不规则四边形。房子面向拉马丁广场的一面是斜向的，所以在大约桌子的位置把房间切出一个斜角。虽然整幅画中明显的透视变形有一部分是源自房间本身的变形，但在画中这种变形被夸大了，

图20 《卧室》草图，
1888年10月，纸本钢笔画，
13cm×21cm，阿姆斯特
丹（文森特·凡·高基金会）
（F−）[20]

图21 《卧室》，1888年
10月，布面油画，72cm×
91cm，凡·高博物馆，阿
姆斯特丹（文森特·凡·高
基金会）（F482）

尤其是床的比例最为奇怪。床尾看起来简直和床头一样高。

凡·高很满意这幅作品，坚信这是自己最成功的代表作之一。[17]凡·高对提奥许诺自己会画一些其他房间的画，但悲哀的是，他从未做到[18]。如果他曾经描绘过自己的工作室该有多棒！房间里堆满他的各种画材，墙上挂满他最心爱的作品——他自己画的有关阿尔勒的最出色的作品，他倾慕的画家作品的复制品以及他深爱的日本版画。

在19世纪末期，最成功的巴黎艺术家纷纷把自己的画室内部布置得十分优雅，用各种异域风情的装饰，来显示他们时髦的品位，并借此吸引打动潜在客户。但凡·高志不在此。他想要让黄色小屋变成"一个艺术家的房子——但是是很实用的那种，而不是寻常可见的、装满各种珍奇的工作室"[19]。

第四章

蒙马儒尔高地

"真是普罗旺斯美丽的角落。" [1]

凡·高时常沿着林荫道离开拉马丁广场，前往"狂野而又浪漫的"蒙马儒尔修道院。该遗址位于阿尔皮耶山西端一座40米高的陡峭小山上，矗立在罗恩平原平坦的草场上。在它的石灰石山顶上，参差杂乱的是带有防御作用的本笃会修道院，一个从5000米外的阿尔勒清晰可见的地标建筑。如今修道院已经损毁，其部分历史可回溯至11世纪，不过修复工作在19世纪60年代已经展开，截至1888年7月，凡·高到那里去了不少于50次。[2]

凡·高是在到达阿尔勒两周后初次发现蒙马儒尔的。他在给提奥写信时热情洋溢地论及一次散步，"山上的一个修道院废墟，长满冬青、松树和灰橄榄树" [3]。这次旅程象征着他对普罗旺斯乡村风景的朝圣之旅，晚些时候的一幅素描《男子走在塔拉斯肯路上》（图22）对此有所描绘 [4]。树上长出的新鲜树叶表明画的是春天。这幅素描主要是在路边完成的，但当回到画室后，凡·高擦掉了一部分，并修改了走路的人，这个人或许正是画家自己，他正出发开始一天的工作。

在1888年5月中旬，凡·高全身心投入到蒙马儒尔主题中，希望能画一组用于展览甚至售卖的素描 [5]。到月底，他已经向提奥

图24　细部，私人收藏
《蒙马儒尔的日落》

寄了在修道院周围画的8张素描[6]。其中最出色的一张是《从山上看阿尔勒之景》（图23），"画着草场的景致，一条长着白杨树的路，右边的远处，是镇子"[7]。该作品描绘了远处地平线上阿尔勒的建筑群。左边能看到教堂的钟塔以及铁道作坊的烟囱。远方的铁轨斜分了整个画面，那是塔拉斯肯路分向蒙马儒尔的岔道。凡·高主要使用一种粗的芦秆笔，用自己娴熟的技巧来以此描绘风景，并用鹅毛笔添加一些精致的线条，勾画出地平线。

两个月后，凡·高重返蒙马儒尔，想要完成一件更野心勃勃的作品。7月5日，他向提奥描述了一次引人入胜的日落："我在一片乱石丛生的荒野，这里长着非常矮小的、扭曲的橡树，背后是山里的一座废墟……太阳正将鲜黄色的光芒洒向树丛，洒向大地，这简直就是一场金色的雨。"[8]接着他提到自己已经完成一幅画，不过直到不久以前，该作品还被认为下落不明。

《蒙马儒尔的日落》（图24）却是一次令人震惊的新发现。1908年，这件作品由挪威工业家穆斯塔德［Christian Mustad］购

图22 《男子走在塔拉斯肯路上》，1888年4—5月，纸本墨水、铅笔，26 cm×35 cm，艺术馆，苏黎世（F1502）

图23 《从山上看阿尔勒之景》，1888年5月，纸本墨水、铅笔，48 cm×59 cm，国立美术馆，奥斯陆（F1452）

得，没过多久，他的一位博学的朋友就告诉他这幅画是赝品。穆斯塔德立即将其丢进阁楼，直到1970年去世。过了21年后，他的后人把这幅画拿给凡·高博物馆看，但当时的馆长也拒绝了它。直至最近这幅画才重新被带回做再次检测。

在经过了一次全面的技术检测之后，博物馆最终证实《蒙马儒尔的日落》确实就是画家曾难以忘怀地描述过的那个金色傍晚的作品。[9]颜料和画布与凡·高在阿尔勒用的也匹配，风格与笔触也十分典型，画布的背后还用铅笔写了"180"，与1890年画家死后整理的一份财产清单中一幅《阿尔勒的落日》编号吻合。

《蒙马儒尔的日落》是在位于修道院遗址东面1000米左右的地方画的，画家面对的远处遗址在落日的天空中映出它的轮廓。虽然看起来很小，但是左后方远处地平线上的建筑群一定就是修道院的钟楼（能明显看到它防御性的护墙），它的右边是拉玛约尔圣母院（图25）。画面的大部分都被四处蔓延的植物覆盖，它们的表现相对较暗，而落日散发的光芒则形成画面上几处发亮的小色块，正如

夜晚的来临。

　　凡·高在1888年7月初还完成了5幅大尺寸的、雄心勃勃的蒙马儒尔的素描[10]。有一次，他与士兵朋友米列在一起。从阿尔勒走出来，他俩从一个花园偷摘了几颗"极好的"无花果，并因此而感到快乐。[12]那天晚些时候，凡·高从南边画下了《有蒙马儒尔修道院遗址的小山》（图27）。整幅画面上主要是一块粗笨的大块岩石，朝着修道院和它那突出的钟楼。两个小小的阿尔勒人撑着阳伞经过大门。右边是克劳[Crau]平原，在画面最右边的地平线上可见科尔德山[Montde Cordes]。

　　选择蒙马儒尔为绘画主题，凡·高并非是唯一一位。有许多艺术家都曾经被这座能看到小镇全景的、令人回忆往昔的修道院吸引，这里也因此成为游客喜欢的地方。几周后，一位远比当时的凡·高更成功的画家来到几乎同一位置创作。9月，阿尔勒的报纸报道了有几位艺术家在镇上，提到"Cazil（原文如此）来到蒙马

图24　《蒙马儒尔的日落》，1888年7月，布面油画，73cm×93cm，私人收藏（F-）

图25　蒙马儒尔，20世纪初，明信片[11]

图26　阿尔弗雷德·卡西尔，《蒙马儒尔修道院》，1888年秋，布面油画，151cm×225cm，Calvet博物馆，阿维尼翁

儒尔，想要再现这一壮观的遗址"（图70）。这个人是阿尔弗雷德·卡西尔［Alfred Casile］，一位出自马赛的画家，他曾在巴黎学习艺术，与许多印象派画家相识，包括莫奈、毕沙罗和西斯莱。既然他们拥有共同的朋友，那么卡西尔和凡·高完全有可能在阿尔勒或者蒙马儒尔见面。

卡西尔画的《蒙马儒尔修道院》（图26）一定就是在9月创作的[13]。这幅画，以前从未被刊印发表过，揭示了两位艺术家差异巨大的创作手段。卡西尔的大幅油画代表一种传统的观者视角，他眼中的修道院是处于一种开放式的风景中。而凡·高的方法更具新

意，他把建筑画得宛如附属品。他关注的是露出地面的大块岩石，更令他感兴趣的是风景中的细节以及如何捕捉一种气氛。

当月后几天，凡·高再次来到这里，画下《从蒙马儒尔看罗恩河岸的乡村》（图28），这幅画是站在山顶朝向北方和西北方画的。凡·高对贝尔纳描述这一全景："一片巨大的、平坦的、广阔的乡村——从山顶鸟瞰——果园、收获的麦田，这一切不断增加，顺着小河流淌……耕田的农夫仿佛显微镜下的小人，一列小火车穿过麦田。"他补充说这幅素描"事实上是我所画过的最像日本的东西"，他指的是日本版画中常见的高角度透视。[14]

朝向阿尔勒的四轮马车行走在一条笔直的路上，这条路的另一端通向丰维耶［Fontvieille］。往后去是一列火车行驶在阿尔勒到丰维耶之间的支线上，列车朝反方向开去，共有一节煤水车、两

图27 《有蒙马儒尔修道院遗址的小山》，1888年7月，纸本墨水，48cm×59cm，国家博物馆，阿姆斯特丹（F1446）

图28 《从蒙马儒尔看罗恩河岸的乡村》，1888年7月，纸本墨水，黑粉笔，49cm×61cm，大英博物馆，伦敦

节客车厢，还有三节空着的矿车（用于运送丰维耶矿场挖掘的石灰石）。唯一可见的建筑，靠近左边天际线，是盖伊亭［Pavillonde Gaÿ］狩猎者小屋，这里在一片露天田野中保存至今。

凡·高有可能是在回到画室后添加上人物的：驾车人和他的马车，刚刚穿过铁路线的人，以及在铁轨上方右边位置那个小小的耕田人。长长的标题写在一块花边装饰里"从蒙马儒尔看罗恩河岸的乡村［La campagne du côté des bords/du Rhône vue de/Mon［t］major］"。凡·高认为这件作品，与另外一幅描绘蒙马儒尔景色的作品一起，构成他"最好的"阿尔勒素描。虽然他希望有可能将它们卖给一位巴黎画商，但是并没有成功[15]。

在这一时期，凡·高还画了一幅画，表现自己在早晨出发前往蒙马儒尔。"我画了一幅速写（油画），画中的我背着画箱、拿着木棍、夹着画布，走在阳光照耀的塔拉斯肯路"，他告诉提奥。（图29）画家背着背包，装着便携画架，另外还提了一个包，带着一个文件夹。他头戴一顶草帽遮挡普罗旺斯的烈日，身体在地上投下强烈的影子。正如凡·高告诉威尔的，他"总是灰头土脸的，身上背满各种木棍、画架、画布和其他货品，就像只浑身是刺的豪猪"。[16]

《画家走在塔拉斯肯路上》最终在1912年被马格德堡的凯撒·弗里德里希［Kaiser Friedrich］博物馆购得。在二战期间，这幅作品被转移到德国中部施塔斯富特的一个盐矿里，被藏在地下很深的地方，躲过同盟军的炮火。1945年4月，当盟军解放了施塔斯富特，他们认为希特勒曾计划制造原子弹而有大量铀储备，于是竭尽全力进行搜查。艺术相对来说远没有那么重要。凡·高的画作在矿区发生了一场火灾之后被掠劫或是毁掉了。最大的可能性是烧毁了，但是在那个动荡的年代，先后有几十个人曾进入过矿区，所以这幅画也有可能是被偷走了。看起来这一幅凡·高最个人化的阿尔勒绘画想要重见天日的希望渺茫。[17]

图 29　《画家走在塔拉斯肯路上》，1888 年 7 月，布面油画，48 cm×44 cm，凯撒·弗里德里希博物馆，马格德堡（1945 年遗失）（F448）

第五章

海景画

"地中海——其颜色好似马鲛鱼。"[1]

凡·高一直以来都想去探访法国的南部海岸。1888年5月下旬，他精神奕奕地写信说自己很快"终于要见到地中海了"[2]。他即将出发前往阿尔勒以南40千米，穿过卡玛格湿地，一个名叫海滨圣玛利[Les Saintes-Maries-de-laMer]的渔村。在那里前后一周的时光对他的艺术造成的影响远比人们通常以为的更加深远。

圣玛利的名字源自两位玛利亚，根据传统，她们于公元45年从巴勒斯坦而来，令普罗旺斯地区皈依基督教。玛利亚·莎乐美[Salomé]和玛利亚·雅克比[Jacobé]都曾出现在基督之死的现场。她俩的女仆莎拉在圣玛利也受到罗马人的尊敬。每年的5月24—25日，欧洲各地的罗马人都聚在一起举行庆典仪式，将莎拉的雕像从村教堂的地下室抬到海边。

凡·高听说了这种朝圣活动，便在几天之后当渔村一切回归平静时，决定去那里画画[3]。他十分期待这次旅行，激动地对提奥说他将会见到"成群的牛儿和成群的小白马，它们带点儿野性，十分漂亮"。到了月底的一天，他搭乘早晨6点的早班车，跨过丁奎特尔大桥，穿过遥远的卡玛格湿地（见图9上半部分）。在泥泞的铁路上颠簸了差不多5个小时后，终于隐约看到了远处教堂的钟塔在向他致意，那钟塔很远就可以看得见，从一片湿地中升起。[4]

图32 《海面的渔船》细部，凡·高博物馆，阿姆斯特丹（文森特·凡·高基金会）

圣玛利在当时是一个有800人的村子。那里生活艰辛，居民靠着打鱼、种植葡萄和稻米、养殖牛马来努力维持生计。偏僻的地理位置意味着除了一年一度的朝圣活动和夏日游泳季，这里鲜有游客。当凡·高到达的时候，这里四下寂静，他很快就找到了食宿，有可能是库伦寄宿学校［Pension Coulomb］。他安顿好后立刻开始村庄的探索之旅，这里有几条小路环绕着一座12世纪的教堂。他一定曾经踏入圣玛利教堂，参观里面三位圣徒的遗物，还有收藏在那里的还愿画，许多都是为了感激在海难中奇迹般的生还。

从住的宿舍到海边沙滩走路只需要几分钟，凡·高在这里第一次见到地中海。他瞬间被地中海的颜色打动，"像马鲛鱼"，总是不断在变化："你并不总是确定它是绿色还是紫色——你并不总是知道它是否是蓝色——因为一秒钟之后，它那不断变化的波光就呈现出粉的或灰的色调。"这一比喻是很贴切的，因为马鲛鱼是春季主要的渔获，所以他应该看到过它们从船上被卸货到沙滩的样子。凡·高形容圣玛利的炸鱼"真的好吃"，不过他抱怨自己并不总能吃得到，因为渔夫们常常把自己的渔获拿到马赛卖掉。[5]

图30　圣玛利，约1905年，明信片[6]

图31　《圣玛利景色》，1888年6月，布面油画，64 cm×53 cm，克罗尔－米勒博物馆，奥特洛（F416）

图 32 《海面的渔船》，1888 年 6 月，布面油画，54 cm×61 cm，凡·高博物馆，阿姆斯特丹（文森特·凡·高基金会）（F415）

凡·高很快灵感涌动，打开画箱。他走向村庄南部的沙丘，描绘了一排排的小屋密密匝匝挤在村子中心的样子（图31）。朝着村庄的方向排列着一行行的葡萄藤架，高耸的教堂以其带垛口的屋顶引人注目。一张早期明信片上面的照片表明凡·高夸大了教堂钟塔和临近的市政厅的高度（图30）。

他继而又画了一幅海景画——《海面的渔船》，水面上漂荡着三艘渔船（图32）。在最近的一艘船上，一名渔夫正在掌舵。小小的红点是他的帽子，船边上一条细细的红色条纹从海水的各种蓝色中凸显出来。高高的海平面让人把注意力集中在海上，前景中，画家用厚涂法画出海浪层层叠叠，来回翻滚。画家在此直接将白色颜料挤在画布上，然后用小刀进行厚涂。前景中卷动的水花令人想起葛饰北斋19世纪30年代的版画《巨浪》，这是凡·高最钟情的日本艺术作品之一。

凡·高在这幅海景画上挥笔签名，鲜红色的名字从海面跃入眼帘。人们曾在颜料中发现糅杂了一些沙粒（在原作中肉眼就可以看到）。这也证实了该作品是在海滩上完成的——不过当他在几天后回到阿尔勒确实也做了一些修改。[7] 几周以后，凡·高在给提奥的信中回忆起这些渔船的脆弱：他和他的画家朋友"乘着我们小小的破船驶入远海，孤独地待在我们时代的巨浪中"[8]。当他一个人独自走在常常空无一人的地中海海滩上，心中一定是这样想的。

凡·高在圣玛利还画了8幅素描，主要是那些渔夫、牧人和农民住的棚屋[9]。这些朴素的小房子，有着低矮的茅草屋顶，最上面安装了独具特色的三角形挡风板，用以承受密斯特拉的风力。其中几幅画得很快，带有强烈的自发性，充满活力，也成为画家为后来回到阿尔勒之后的油画作品准备的习作。

在圣玛利待了一周之后，最后的那个早晨，黎明刚至，凡·高便走向海滩。他之前已经见过渔船出海，但却因为起得不够早没有机会画这些船。这一次他画了四艘停泊在沙滩上的渔船（图33）。他向贝尔纳描绘这一场景："在十分平坦的沙滩上，这些绿的、红的、蓝色的小船，颜色和形状都很漂亮，令人想到花朵。"[10]

在这一素描中，凡·高用点彩画家笔下的小点点来画沙子，用娴熟的曲线来代表海水。第三艘船有个名字"Amitié"［友情］，很明显地写在靠近船尾的地方。沙滩上空盘旋着几只鸟，这也是凡·高常常用来给予他笔下的天空生命力的细节特征。在凡·高圣玛利系列的大多数作品中，人是看不到的，即使那些应该忙着把船只准备好的渔夫在这里也并未处理。他画了一个小装饰框，在里面写着"纪念圣玛利/地中海"。接着凡·高煞费苦心地在画中20处用小小的文字标出不同颜色，为以后回到阿尔勒再画类似场景做准备。

在完成他的素描后，凡·高匆忙回到村子，搭乘早班车回到阿尔勒。刚回到家，他就写信给提奥，将自己的技法同他欣赏的东方艺术家做比较："日本人画得很快，非常快，就像一道闪电……我才来这里（普罗旺斯）几个月，但是——告诉我，在巴黎我有没有可能一个小时就把这些船画好呢？"又过了几周后，他觉得日本人

图33 《纪念地中海圣玛利》，1888年6月，纸本墨水，40 cm×54 cm，私人收藏（F1428）

图34 《圣玛利的三座小屋》，1888年6月，布面油画，32 cm×42 cm，艺术馆，苏黎世（F419）

作画就像呼吸一样轻松，"他们只用充满自信的几笔就画好一个人物，轻松得就仿佛这事儿和系上马甲纽扣一样容易"。[11]回到阿尔勒短短几日，他就完成了一幅油画作品以及一幅基于那幅沙滩渔船素描的色彩强烈的水彩画[12]。

还有两幅素描被凡·高变成了油画，两幅的用色都极为大胆。一幅由速写转变而来的油画是《圣玛利的三座小屋》（图34）。这组小小的棚屋位于村子的郊外，它们挨在一起为了抵抗密斯特拉风。凡·高用橙色来画沙地，突出了色彩明亮的大地，在蓝色的地中海蓝天的映衬下显得"更加强烈"。[13]

另一幅凡·高画成油画的素描描绘的是在拉普拉日路上的一排低矮的小屋，画面视角背对村庄，面朝大海（图35）。整幅作品强烈的透视感被斜向的狭窄街道加强了。素描本身是用芦苇笔画的，

带有一种即视感，这种即视感在油画版本中有所丢失，但是彩色的版本却也将作品带入一个新的领域，几乎走向抽象画的边缘——形体的强烈演绎和色彩的混乱（图36）。一排屋顶从村庄蔓延至大海，而前景中的绿色植物上点缀着鲜红色的罂粟花。

　　凡·高在圣玛利的一周令我们看到他作品的一次飞跃。在他到达前几天，他曾写出自己的愿望，"夸大事物的本质，刻意地让普通之物变得含糊"。在海边不多的时光却见证了他提升的自信，敦促了以艺术为目标，而非安于现实。"色彩无论和谐还是无序，其产生的效果应该被勇敢地夸大"，他写道。在面对强烈阳光下深蓝色的地中海海水后，他更加坚信"待在南方"的重要性。[14]

图35 《圣玛利的街道》，1888年6月，纸本墨水、铅笔，31 cm×47 cm，私人收藏（F1434）

图 36 《圣玛利的街道》，1888 年 6 月，布面油画，38 cm×46 cm，私人收藏，Fort Worth（F420）

第六章

收获时节

"我甚至在正午时分在麦田里工作,在火辣辣的阳光下,没有任何遮挡物……我陶醉其中,就像一只知了。"[1]

当凡·高从地中海回来,他惊讶地发现阿尔勒地区已经开始进入收获季节。就像当初果园的花朵一样,他立刻就为之着迷。1888年6月11日左右,他开始新一轮的创作,《普罗旺斯的收获》是最早的画作之一(图37),也成为他最出色的阿尔勒作品之一。该作品集中表现了南部地区的富饶,在强烈的太阳光芒下,麦子变成了金黄的棕色。在创作这些收获场景时,凡·高承认自己受惠于塞尚的风景,后者曾一直生活在普罗旺斯的埃克斯,位于阿尔勒东面。

凡·高是从两幅水彩习作入手的,其中一幅他命名为《普罗旺斯的收获》。然后他开始着手画精心设计的油画。在夏日的炎热中工作令人筋疲力尽,如他对弟弟所说:"在度过那么一段时间后回来,我可以向你保证我的头脑已经累坏了……我完全精神涣散,无法应对那么一堆日常事务……一个人的神经被过度绷紧了,就像一个站在舞台上的演员演绎一个困难的角色——你得在半个小时之内同时考虑一千件事。然后——唯一能给我安慰,让我分散注意的……就是喝一口烈酒或者狠狠地抽几口烟,刺激一下。"[2]

《普罗旺斯的收获》展现的是从阿尔勒东面的田野望向阿尔皮耶山的全景,不过凡·高似乎出于艺术原因对地形做了一些改变

图37 《普罗旺斯的收获》细部,凡·高博物馆,阿姆斯特丹(文森特·凡·高基金会)

（最终的油画与两幅水彩习作有些许不同）。左边深色山丘上清晰可见蒙马儒尔的轮廓，还有农舍后面的科尔德山，画家用浅色调勾画出它左侧的崎岖边缘。三座农舍坐落在一片片庄稼地边的铁道旁，给予整幅画面深度与和谐。视角的选择偏高，凡·高可能是在运河的岸边或者风车塔的位置画下这一场景的。[3]

金色农田的丰富色彩在一片蓝绿色的天空下闪烁。画面中央，一辆蓝色的手推车等着被装上新鲜割下的黄色麦子。随着眼神向四周张望，整个场面获得了生机。一个阿尔勒人正在最近的一块地里的绿色草木中走动，中景中那堆巨大的麦垛后面能看到一个拿着镰刀的小人。一辆马拉车快速驶过，另一辆马拉车停在靠近最近的那间农舍的附近，一对夫妇正在那儿叉麦草。凡·高如此描绘这幅画："对于马上要被烧焦的大自然，我仍然还是热爱的……古金色、青铜色、紫铜色，如今到处都是……随着蓝绿色的天空也变得炽热，便产生了一种令人愉悦的色彩。"[4]

图37 《普罗旺斯的收获》，1888年6月，布面油画，73 cm×92 cm，凡·高博物馆，阿姆斯特丹（文森特·凡·高基金会）（F412）

图38 《普罗旺斯的收获》，1888年8月，纸本墨水，24 cm×32 cm，国立博物馆，华盛顿（F1486）

回到工作室，凡·高开始"对技艺做少许调整，令笔法和谐"，然后他把画作放在陶制的地砖上，欣赏在其临时的棕红色画框里的效果。他对结果很满意，写信给提奥说："每当我能带回一幅习作（比如《普罗旺斯的收获》），我对自己说，每天都像这样，那么情况还不错——但有时如果你两手空空回家，还一样要花钱要吃饭，你便会对自己不满，你会觉得自己就像个疯子，像个混蛋，像个老傻瓜。"[5]凡·高生活在一种希望中，希望自己能最终在南部找到突破口，并且能开始售卖自己的作品。另一个能表明他对这幅绘画很满意的迹象，就是他画了好几个版本，分别送给了贝尔纳和他的澳大利亚画家朋友约翰·劳塞尔［John Russell］（图38），让对方了解自己正在做的事[6]。这也构成了被他描述为一组基于自己最杰出作品的"普罗旺斯的速写"系列[7]。如今，他觉得成功尽在掌握："说起风景，我开始发现有一些画，画得比以往都快，是我最好的作品。"[8]

图39 《干草垛》，1888
年6月，布面油画，74 cm×
93 cm，克罗尔－米勒博物
馆，奥特洛（F425）

图40 《从麦田看阿尔勒》，
1888 年 6 月，布面油画，
73 cm×54 cm，罗丹博物馆，
巴黎（F545）

　　一开始，凡·高将自己不久之后的画作《干草垛》（图39）视为《普罗旺斯的收获》的一个"吊坠儿"——不过后来他放弃了要把两幅画放在一起展示的想法。《干草垛》一图围绕中心三堆干草展开（有一堆基本被最前面的这堆挡住了）。它们庞大的形体支撑了整个画面，强化了普罗旺斯的丰产。一个提着水桶的女子从格里弗耶农舍的方向走过来，为画面增添了运动的成分。

　　还有两幅画是在东北郊区差不多同一个位置画的，不过是朝向镇子的方向。在《从麦田看阿尔勒》（图40），天空变成了很窄的一条，将焦点放在了田地里。地平线上，新老建筑一座挨着一座——四座教堂的尖塔和市政厅的钟楼以及左边冒着烟的铁路商店的高烟囱。一辆列车在巴黎—马赛线上呼啸而过。在下方，一个收割人和他的妻子忙于那无休止的收麦工作。奥古斯塔·罗丹大约在1900年购买了这幅作品，至今仍在巴黎由他的工作室改建的博物馆。这位雕塑家曾经形容凡·高是现代"最伟大的"画家，与雷诺阿比肩。[9]

　　《麦田落日》（图41）画的是相似的场景，远处有一对散步中的情侣。一轮巨大的太阳在拉玛约尔圣母院背后慢慢落山，在其左

边可见一座竞技场。与这些古老的建筑在一起的还有煤气厂（最右边）和铁路作坊（左边）冒烟的烟囱。落日的位置被清晰地直接安排在阿尔勒的天际线后，极具戏剧性，因为在6月份，它本应该从更北边的位置落山。

　　凡·高是在一次密斯特拉风到来时画这麦田的，他已经找到了属于自己的方法来应对大风天气里的工作："你把画架的腿用力插进（地面），然后在旁边打上一根50厘米长的铁桩。把所有一切用绳子扎紧在一起；这样你便能在风中工作啦。"[10] 在密斯特拉风来的时候，大多数艺术家都撤回自己的画室，但凡·高则不。在他的画中，工厂烟囱冒的烟正被吹向南边，这正是密斯特拉风来时的方向，但是凡·高（可能是错误地）画的远处行进中的列车冒出来的烟，就好像没有风一样。

图 41 《麦田落日》，1888 年 6 月，布面油画，74cm×91cm，艺术博物馆，温特图尔（F465）

图 42 《落日中的播种者》，1888 年 6 月，布面油画，64cm×80cm（包括画出的窄边），克罗尔－米勒博物馆，奥特洛（F422）

　　《落日中的播种者》（图42）描绘的是农耕作业的下一阶段：为来年播撒种子。对凡·高而言，播种的行为是十分具有象征意义的。成熟的麦子长得高高的，接近地平线，农夫在田野中大步流星，一路播撒种子。地里的犁沟是用混合色表现的，主要是蓝紫色和赭石色。凡·高主要关注视觉效果和冲击力，尤其是从较远处观看时的效果。"我根本无法给出色彩的真实性"，他告诉贝尔纳[11]。播种者的这个人物形象的灵感直接来自凡·高很崇拜的19世纪初的画家让－弗朗索瓦·米勒的作品[12]。一个巨大的落日（比农舍还要大得多）支配了整个构图，意味深长。

　　凡·高是在户外田野中开始动手画《落日中的播种者》的，他在一封给劳塞尔的信中（图43）首次用速写画下大致构图（这个荷兰人于1873—1875年期间在伦敦做画商时学会了英语）。他这样

I heard Rodin had a beautiful head at the Salon.
I have been to the seaside for a week and very likely am going thither again soon. — Flat shore ~~sands~~
sands — fine figures there
like Cimabue — straight stylish.
Am working at a Sower. —

The great field all violet. The sky & sun very yellow. It is a hard subject to treat. Please remember me very kindly to Mrs Russell — and in thought I heartily shake hands. Yours very truly
Vincent

图43 《落日中的播种者》草图，凡·高给约翰·劳塞尔的信中，约1888年7月17日，信笺尺寸23cm×15cm，古根海姆博物馆，纽约[18]

描述这幅画"大地一片紫色，天空和太阳很黄"[13]。一周以后，他又在自己的画室里再次全面画了这幅画，加强了互补色。播种者被赋予一种更具动感的大跨步动作，并给人物添加了影子，增强了效果，农舍的位置也被移动了。在完成之时，凡·高为这幅画画上一条窄窄的多色边框（上边是紫色，与天空互补；其他三条边是黄色，与蓝紫色的大地互补）。

凡·高的所有心血都致力于表现丰收的场景。"我时常待在田野里"，他写信给劳塞尔。又过了几日，他告诉提奥："当我环顾四周，发现自然中有许多事物几乎不给我任何时间去思考其他的事儿。因为现在正是收获时节。"[14]1888年6月20日，一场暴雨来临，将收获的季节，以及凡·高的系列绘画带到了终点。他一共完成了8幅有关收获的作品，几乎一天一幅[15]。

凡·高出现在田野里无疑会引起旁人的惊讶，因为通常来到阿尔勒郊区的游客只会到蒙马儒尔去。1890年的一本英文法国指南这样说："阿尔勒的乡村是隐居式的，时常可见形容可疑的流浪汉四处徘徊。因此，一根质量不错的粗棍子对行人来说是恰当不过的伙伴。"[16]虽然没有迹象表明该书作者在1888—1889年期间是否真的遇见过凡·高，但艺术家本人却因为自己的褴褛衣衫而背负恶名，加上身上的绘画工具压得他腰弯背驼，确实有可能被错认为是流浪汉。

收获系列刚刚完成，凡·高就告诉贝尔纳他一直都需要画得"快，很快，非常快，就好像烈日下的收割者，沉默不语，集中精神完成工作"。他已经花了8天时间来打磨自己的技术。如凡·高对提奥所言："当人们说他们做得太快了，以后你就可以回答是你们看得太快了……在收获时节，我的工作一点儿也不比在收割的农夫们轻松。我并不想对此抱怨，恰恰是在这种艺术生活的这些时刻……我才觉得自己能够像在理想的、真实的生活中一样快乐。"凡·高唯一的遗憾就是没能在他年轻的时候发现普罗旺斯。"我的上帝，如果我25岁就能知道这个乡村，而不是35岁才来这里该有多好"，他写信给贝尔纳。[17]

第七章

罗恩河与其运河

　　"水流四处流淌，将乡村田野变成一块块漂亮的祖母绿色和丰润的蓝色，与我们在日本版画中看到的一样。"[1]

　　在阿尔勒时，凡·高从来离水不远，这令他常常回忆起出生地荷兰。阿尔勒位于罗恩河的左岸，这条河自古罗马人在上面建造桥梁开始，就在这座小镇的发展史上扮演了重要角色。后来阿尔勒成为一个主要的河港，19世纪30年代，一条连接布克港［Port-de-Bouc］的运河为通向地中海提供了一条更适合的航路。随后人们陆续开凿小运河，借此灌溉阿尔勒东边的乡村，被叫作克劳的地区。几乎所有离开小镇的路线都要涉及水路。

　　凡·高被布克港运河一座荷兰风格的吊桥吸引（图45）。他称之为英国人桥［Pontde L'Anglais］，这正是时下流行的名字，不过后来人们经常说的是朗格卢瓦桥［Pont de Langlois］。[2]诗人马西彼欧曾回忆自己遇见凡·高在这里画画，这个位置在麦田和果园之中，小镇的南边[3]。

　　《朗格卢瓦桥边的洗衣妇》（图44）完成于1888年3月中旬，此时凡·高刚刚到达阿尔勒三个星期。他给提奥写信，形容这上面画的是"一座吊桥，有小马车穿行于上，在蓝天下映衬出它的轮廓——河水也是蓝的，橘色的堤岸夹杂着绿色，有一群洗衣妇，她们穿着衬衫，戴着各色无边帽。"[4]

图 44　《朗格卢瓦桥边的洗衣妇》细部，克罗尔－米勒博物馆，奥特洛

凡·高又进一步画了四幅朗格卢瓦桥的画，不过他把其中最具雄心的一幅毁掉了，只剩下一小部分[5]。那幅画上画的是运河边的景象，画着"水手们与心爱的姑娘一起回来"，还画了落日和远处阿尔勒的天际线。几日后，他解释问题出在哪儿："由于天气糟糕，我没能在那个位置画画，我试图在家把这幅习作完成，简直累死了。"[6]凡·高喜欢面对他的主题作画，而认为完全凭借想象创作十分困难。最终他割下一小块画着一对情侣的部分，而把其他画布都丢弃了，留着的那部分可能是为其他作品做模本。但他却从未再次画过这对情侣，然而在2013年，就是这块被舍弃的部分卖出了700多万美元。[7]

宽阔的罗恩河水从阿尔勒的中心流淌而过，凡·高一定是每天可以看到这条大河。5月，在拉马丁广场尽头的一个地方，他画下了《罗恩河岸》（图46）。一艘无人的船舶和一艘小艇停在沙洲上，边上有一个人和两匹马。弯曲的河岸线勾画出小镇的全景，可以看到圣·朱利安教堂突出的钟塔以及远处地平线上方的一轮落日。

或许是出于巧合，美国艺术家约瑟夫·彭内尔［Joseph Pennell］差不多在四个月后画下了类似的图景。彭内尔的画作是从地形学的角度来为一篇有关普罗旺斯游记的文章配图，他站在路堤上，勾画出一个更为清晰的小镇景致和镇上著名的竞技场，并用

图44 《朗格卢瓦桥边的洗衣妇》，1888 年 3 月，布面油画，53 cm×64 cm，克罗尔－米勒博物馆，奥特洛（F397）

图45 朗格卢瓦桥，约 1905 年，明信片（细部）[8]

图46 《罗恩河岸》，1888 年 5 月，纸本墨水、铅笔，39 cm×61 cm，Boijmans Van Beuningen博物馆，鹿特丹（F1472a）

图47 约瑟夫·彭内尔，《从河边看阿尔勒》，1888年9月[9]

黑色强调其拱廊。我们无法确定两位艺术家是否曾经相遇，不过当1888年9月彭内尔来到此地，他应该曾经在距离黄色小屋一分钟路程的附近写生。[10]

　　罗恩河及其水上交通令凡·高着迷。7月下旬的一个傍晚，他曾描述了"一种精彩又十分奇特的景象"，一艘满载而归的运煤船停在码头："从上方看，在一场雨后，它周身闪着光，湿乎乎的；河水是黄白色的，云朵像灰色的珍珠，天空一片淡紫色，在西边有一道橙色，而镇子变成了紫色。船上小小的工人们是蓝色和灰白色，

ARLES, FROM THE RIVER.

他们来来回回，把货物运上岸。这是纯然的葛饰北斋。"[11]

　　凡·高后来的一幅作品中描绘了类似的场景，《码头边的运沙船》（图48），这次画出了部分筑堤。他的透视角度令人惊异，天空在画面中消失了。他这样描绘笔下的画面："从码头高处看到一些船只；两艘船是泛着紫光的粉色，河水很绿，看不到天空，桅杆上飘着一面三色旗。一个工人推着独轮车运沙子。"[12]

　　在罗恩河的对岸是一座叫丁奎特尔的小镇，1875年这里与阿尔勒曾以桥相连。凡·高也曾从阿尔勒这边画过《丁奎特尔大桥》。他选择了一个颇具戏剧性的视角，仰视展现一级级宽宽的台阶从街道一路向上接到堤岸然后继续向上直到桥梁。星星点点的行人增加了画面的透视感和运动感。在小树后面的圆柱形结构大概是个公共厕所。

图48　《码头边的运沙船》，1888 年 8 月，布面油画，55 cm×65 cm，Folkwang 博物馆，埃森（F449）

图49　《丁奎特尔大桥》，1888 年 10 月，布面油画，74 cm×93 cm，私人收藏（F481）

　　凡·高为了表现这一场景，充分调动了艺术元素。这座桥后来曾被重建并在二战时被毁，较早时期的照片显示这座桥在两边都有十字交叉柱，不过凡·高将它们改成了平行对角柱。这些平行的支柱（没有朝向对向方向的柱子）为他的画作增加了一种动势，不过从工程技术的角度来说这可能无法提供必要的结构支撑。

　　凡·高向提奥这样描述这幅画："画了许多台阶的丁奎特尔桥是我在一个灰蒙蒙的早晨完成的，石头是灰的，沥青是灰的，鹅卵石也是灰的，天空是灰蓝色的，小小的行人是五颜六色的，还有一棵黄叶子的小树。"[13] 1935年，美国艺术史家约翰·里瓦尔德［John Rewald］用摄影记录了同一画面，凡·高画的树苗已经长得比桥要高出一些了。如今这棵树枝繁叶茂，足足有桥的四倍高。[14]

第八章

友人肖像

"肖像画中仍有一场伟大的革命等待着我们。"[1]

对凡·高而言，找到供其画肖像的模特总是很困难。他很少有钱来支付他们，而且陌生人，尤其是女人们也总是觉得他很怪。每当他找到模特，对方总是难以喜欢最终的画像，他们总是更期待一些相对传统的作品。尽管鲜有人论及，但凡·高应该似乎也曾觉得给家人和好友画像颇具挑战，或许是因为这里面会杂糅太多亲密性。[2]

1888年夏天，凡·高终于成功说服他在阿尔勒的一些朋友和熟人做他的模特。他并没有画直接的肖像，而是一种表现性的描绘，一种特殊的肖像"tronie"（译者注：荷兰语是"脸"的意思，这类肖像中人物通常会有夸张的表情，或者穿着特殊的道具服装扮演某种角色）——这一概念源自17世纪的荷兰黄金时代[3]。于是他的三个模特被画成了农民、诗人和邮递员。大概凡·高觉得画一幅"tronie"没那么受约束，不过事实上他的作品却充分证明了自己擅长捕捉人物的脸部特征和性格特点。

凡·高引入阿尔勒肖像的特殊技巧是他对于色彩的使用。大约两年前，他曾指出大多数画家采用肉体的色调，看起来与现实十分接近，但是离开稍远看则平淡无奇。凡·高的技巧是利用丰富的颜料变化，"大多数颜色是人们无法命名的"——但"当人们向后退一点"便看得出效果。[4]从近处看，他画的人脸是由跨度很大的一系列颜色构成，很多看起来完全不像人的肉体色彩——然而从远处看这些脸却迸发出生命（遗憾的是在凡·高的一些作品中，颜料褪损了，看起来有些斑驳）。

图58 《保罗–欧仁·米列》细部，克罗尔–米勒博物馆，奥特洛

图 50 《日本女孩》，1888 年 7 月，布面油画，73 cm×60 cm，国立博物馆，华盛顿（F431）

图51 克里斯汀·莫里尔-彼得森，《来自阿尔勒的姑娘》，1888年年初，布面油画，41cm×34cm，希施斯普龙收藏，哥本哈根

凡·高早期阿尔勒的肖像中有一幅画的是日本女孩［mousmé］（图50），这个词来自皮埃尔·洛蒂［Pierre Loti］在那年早些时候出版的东方主义小说《菊花夫人》，并在书中解释了mousmé指的是年轻的日本女孩[5]。凡·高曾形容他画的"日本女孩"大约12岁，"棕色的眼睛，黑色的头发和眉毛，皮肤灰黄色……可爱的小手里捏着一枝夹竹桃花"[6]。事实上女孩的手画得实在不好看（凡·高一直不擅长画手）。那株看起来很别扭的小花也说明模特被画时并没有拿花，而是后来画家添上去的。这"日本女孩"是镇子东郊一个磨坊主的女儿。凡·高的朋友莫里尔-彼得森在几个月前也曾为同一个女孩画过肖像（图51）。[7]凡·高把她的脸画得更圆，并给予她的双眼一些东方风情，向洛蒂的小说致敬。

一个月后，凡·高又开始着手一幅完全不同的肖像，他对提奥解释说："你将很快认识佩兴思·艾斯卡里尔［Patience Escalier］先生——他有一把锄头，是一位老派的卡玛格牛倌儿，现在正在克劳的一个农场做园丁。"[8]三年前在纽能时，凡·高曾经画过无数农民的头像，但那些都是用黑色或灰暗的颜色画的，让人想起他在荷兰时期的作品。他的阿尔勒农民系列则彻底不同，使用的是最华丽的色彩。艾斯卡里尔健硕的身形被置于一个宝蓝色的背景中（图52）。[9]艾斯卡里尔戴着一顶黄色的草帽，遮住了脸的一部分。他那饱经沧桑的肤色和红润的面颊都突出他的农民身份。

这个夏天凡·高最成功的肖像画的是欧仁·博赫，一位停留在丰维耶的比利时艺术家。他们二人在6月通过共同的朋友，早几个月来到这里的美国画家道奇·麦克奈特

图52 《佩兴思·艾斯卡里尔》，1888年8月，布面油画，64 cm×54 cm，诺顿·西蒙博物馆，帕萨迪纳

［Dodge Macknight］相识。麦克奈特用精练却有启示的话语概括他对凡·高的第一印象："一个身体僵硬、目不转睛的怪人，但是个好人。"[10]

博赫和凡·高有很多共同之处。他的家族拥有Villeroy&Boch制瓷企业，来自比利时小镇拉卢维耶尔。这个小镇靠近博里纳日，大约十年前凡·高曾在这个矿区做传教士。这位比利时人也曾在巴黎跟着科尔蒙学习，比凡·高略早几年。于是在普罗旺斯二人迅速成为朋友。凡·高这样对提奥描述博赫："这人的外貌我特别喜欢。他的脸就像刀刃，眼睛是绿色的，因此而与众不同。"[11]

1888年9月2日，博赫来到阿尔勒做最后一次拜访，准备告辞去巴黎。他和凡·高在附近的乡村散步，讨论着在普罗旺斯会有怎样的艺术机缘，然后一同去竞技场看斗牛。由于博赫马上要出发向北，凡·高抓住这个机会为他这位33岁的朋友画像，把他画成一位"诗人"（图55）。博赫似乎并没有写过诗，但他有修养，而凡·高在他的脸上看到中世纪意大利诗人但丁的特质。[12]

凡·高这样对提奥描述最终的作品："他漂亮的头部，眼睛里透出的绿色光芒，从这幅画深蓝色的星空中凸显出来；他穿着一件黄色的外套，露出里面没漂染过的麻布衣领，还有一根拼色的领带。"[13]博赫的脸看起来特别的棱角分明，他的胡子强化了这一特征。下滑的肩膀给他增添了一丝忧郁气质。一张可能拍摄于同年的照片显示出凡·高成功地捕捉了他的外貌（图54）。

在博赫的头部周围分散着14个色点，代表夜空里的星星，左上角还有一颗略大的星星别具一格。尽管这幅作品的背景呈现的是夜晚，但是应该是在白天画的。凡·高最初是想把它作为一幅更有雄心的作品的"初稿"。[14]一个月之后，他试图画一幅更大的肖像，却发现由于模特的离开而异常困难。最终由于对第二个版本不满意，凡·高将其毁掉。将凡·高画的博赫肖像与后来贝尔纳[Bernard]画的一幅做比较是十分有趣的，后者也曾是科尔蒙的学生，也是这位比利时画家的朋友。贝尔纳于1890年在巴黎见过凡·高画的那幅，也正是它给了自己创作的冲动（图53）。贝尔纳处理画面的方式完全不同，他用夸张的手法强化了博赫消瘦的头部，甚至变成三角形，简直创作了一件立体主义式的作品。

1891年7月，在提奥死后，遗孀乔将凡·高画的这幅肖像送给博赫。在表达感谢之情的回信中，这位比利时艺术家回忆起凡·高："满怀激情，为了艺术！这就是这个男人唯一的念头。"[15]这幅画一直被博赫视为珍宝。在1941年去世之前不久，博赫卧病在床。博赫的妹妹埃莉萨[Elisa]在日记中写道："欧仁已经无法动弹，也不再开口，他的双眼却紧紧盯着那幅肖像"，这幅画一直挂在他的卧室[16]。博赫将这幅作品赠予卢浮宫，现藏于奥赛博物馆。

漂亮的法国轻步兵是凡·高的下一个主题，他将其画成"情人"。保罗-欧仁·米列是一名现役二等中尉，彼时其所在部队正在阿尔勒驻扎。与凡·高一样，他是在1888年2月份到达阿尔勒的，两人在6月相识。[17]凡·高对于24岁的米列在和女人打交道方面的成功感慨颇多，他将这归功于米列的军人气质："米列很幸运，在阿尔勒他可以得到想得到的所有女人，但是你看，他不会画她们，不过如果他是个画家，也就没什么女人了。"[18]凡·高一直持有一个奇怪的概念，就是不可能在有频繁性事的同时还能做多产的艺术

家，不过他觉得这种局限性大约不适用于阳刚气十足的士兵。尽管想法奇特，但凡·高仍鼓励米列画画，甚至还亲自教他。

凡·高对提奥说，米列"不会摆姿势"，但"他模样好看、自信满满、表情轻松，确实适合我画一幅有关情人的画"[19]。凡·高画中的他穿着部队里彩色的制服，是根据19世纪30年代阿尔及利亚轻步兵的服装画的（轻步兵最早是从扎阿瓦部落招募的，后来就直接受雇于法国。译者注：Zouaves一词的出处）。米列穿着一件深蓝色的外套，上面有穗状图案，头戴一顶醒目的红色平顶帽，领口上的数字"3"代表他所在团的番号。他骄傲地佩戴着北越探险奖牌，这是奖励给他早年曾在越南服役的。背景是祖母绿色，凡·高将轻步兵的徽志画在背景上，那是一轮弯月和一颗五角星。米列的表情严肃，符合军人身份。

凡·高原本想再画一个版本送给米列做礼物，但是直到这名士兵即将出发去阿尔及利亚驻扎也没有时间完成。凡·高曾用军营风格的幽默提及，当米列接到命令时，都没时间坐一会儿："他需要向这里所有的小妞和阿尔勒鱼塘里的各种其他小生命温柔地道别，如他所说，如今他的老二已经回到军营。"[20]

当米列去了阿尔及利亚，便继续辉煌的军事事业，在一战期间被提拔为陆军中校。20世纪30年代，在与凡·高建立友谊半个世纪之后，他生动地回忆起自己在阿尔勒的那段时光。米列回忆这个

图 56 《安娜·凡·高》，1888 年 10 月，布面油画，41 cm×33 cm，诺顿·西蒙博物馆，帕萨迪纳（F477）

荷兰人，"如果他真的乐意的话，是个颇有魅力的伙伴，但现实并非每天如此"。老军人继续说："他的个性没那么随和，当他生气的时候，看起来像疯了一样……他有信心，对他的才华有信心，这种信心多少有些盲目。"关于那幅肖像，米列回忆说尽管画得很快，却"十分像"。但是这位军人对凡·高的风格略有批评，觉得艺术家应该"带着爱"作画，而这个荷兰人"强暴了"他的画布。[22]1943年米列逝于巴黎。

凡·高在阿尔勒的肖像画中最奇特的就是母亲安娜的像，时年69岁。自青年时起，他们二人的关系就比较紧张，最后一次见到自己的母亲还是3年前在纽能——凡·高在荷兰南部的家。在阿尔勒时，凡·高曾给威尔写信，要一张他们母亲的照片画画用（图57）。1888年10月初，凡·高给提奥写信汇报情况："我正在画一幅母亲的肖像，为了我自己。我没法儿让自己看着黑白的照片，所以我现在所做的就是画一幅色彩和谐的彩色画，就如我在记忆中看到的她那样。"[23]他并没有怎么参考照片，而是让母亲的样子看起来更年轻一些（图56）。在画中，她看起来处于中年，这个年龄应该更接近凡·高孩童时期的母亲。最终这幅有趣的作品同时夹杂了现实与想象。这也是唯一一次凡·高借助照片来画肖像。[24]

凡·高对自己在肖像方面取得的进步感到十分欣喜。他装裱好博赫和米列的肖像，将它们挂在床头作为得意之作（图21）。每次当有人给他做模特，他都能在短短几小时内捕捉对方的相貌和性格——这是相当了不起的。这一年的晚些时候，他开始利用自己的这种本事画了一系列更具野心的肖像画，如邮递员鲁兰[Roulin]和他的家人。

图57 安娜·凡·高（凡·高的母亲），1888年，DeLavieter摄于海牙，凡·高博物馆，阿姆斯特丹（文森特·凡·高基金会）[25]

图58 《保罗－欧仁·米列》，1888年9月，布面油画，60 cm×50 cm，克罗尔－米勒博物馆，奥特洛（F473）

第九章

花

　　"我想为工作室做一些装饰。什么都不要，只要大朵大朵的向日葵。"[1]

　　在巴黎时凡·高曾画过几十幅鲜花主题的静物。对于一个痴迷色彩的艺术家来说它们无疑是完美的主题，提供了探索色彩效果的机会。然而在阿尔勒，凡·高却只画过几幅花。1888年8月初，凡·高后悔地说到他"生自己的气没在这里画一些花卉"[2]。半个月后，他改变了这一情况，他用满腔热情和能量画出朵朵绽放的向日葵。

　　在阿尔勒的头几个月里，凡·高偶尔会把花卉当作他风景画中的重要元素，比如《前景中有鸢尾花的阿尔勒风景》（图59）。他向提奥描绘这一春天的景色："草地上开满了黄色的金凤花，一条长着鸢尾花的小沟，绿色的叶子，紫色的花朵，小镇在背景中，有一些灰色的柳树——一条蓝色的是天空……小镇被开满紫色、黄色小花的乡野环绕着。"[3]这幅画是在镇子的南面画的，被一排小树挡住（最大的钟塔是圣·特罗菲姆教堂，左边的一座是市政厅）。鸢尾花被特别精心地画出来，带有波纹状的花形。

　　《开满鲜花的花园》是在盛夏来临时完成的作品（图60）。整个画面迸发着各种颜色，一排排的罂粟花、风铃草、金盏花、天竺葵和向日葵。凡·高这样解释此处使用的技巧："我画的并不是单个的某朵花……只用了少量的颜色，红的、黄的、橙的、绿的、蓝的、紫的，但是这些颜色相互紧挨在一起的那种感觉无论在画里还

图61　《罐子里的野花》细部，1888年5月，布面油画，56 cm×48 cm（包括画框），巴恩斯基金会，费城（F600）

图59 《前景中有鸢尾花的
阿尔勒风景》，1888年5月，
布面油画，54 cm×65 cm，
凡·高博物馆，阿姆斯特丹
（文森特·凡·高基金会）
（F409）

图60 《开满鲜花的花园》，
1888 年 7 月，布面油画，
92 cm×73 cm，私人收藏
（F430）

是在现实中都是一样的。"[4]这些花构成了一幅几乎算得上抽象的
作品，象征着普罗旺斯的富饶。

5月里，凡·高画了第一幅重要的花卉静物[5]。《罐子里的野
花》（图61）画的可能是大戟属的花，他是在乡间散步的时候采摘
并带回工作室的。画中的意大利彩色陶罐也曾出现在其他三幅静物
中，杯子大概是从厨房拿来的，在《有咖啡壶的静物》中也曾出现
过（图18）。[6]凡·高大胆地在顶部和两边画出一条红色的边界
"框"住野花，但底部没有。这种非传统的手段将人们的视线牵引
向桌上的物体（本书此处用的插图也是这幅画首次被正确地刊登发
表）。[7]

野花静物画预示着一个更加宏大的计划，最终的结果就是产生
了美术史上最具标志性的图像之一[8]。1888年8月20日，星期一，
凡·高开始满怀激情地创作一组四幅的画作。最近的研究表明他只
用了一周时间就完成了，比之前人们以为的时间缩短了一倍。[9]从
日出到日暮，他笔耕不辍，"因为鲜花枯萎很快，所以有必要一次
性把所有的事情做好"。这次完成的作品即是向日葵的四重奏，这

也成为黄色小屋内部装饰的一个关键元素。[10]

随后凡·高开始着手他重要的《三朵向日葵》系列（图62）。他笔下的花朵插在一个绿釉陶罐里，橙黄色的鲜花在充满生机的青绿色背景中怒放。花朵画得很大，左边的一朵看起来简直比罐子还大。两朵是盛开的，中间一朵已经开始结籽。

自从离开工作室，《三朵向日葵》就一直是与世隔绝的，属于私人收藏。最后一次展出是1948年克利夫兰美术馆一次为期一个月的展览。1970年，这幅画被希腊船王乔治·昂比里科［George Embiricos］悄悄买走，挂在洛桑附近的私家别墅中。1996年昂比里科通过一位顶级的纽约画商将其出售，现在的主人是一位匿名买家，此人行事极为谨慎，拥有相当重要的一批凡·高的作品。[11]

凡·高的另一幅静物画《六朵向日葵》（图63）与前一幅有着相似的构图，但在桌子上还另有三朵花。《三朵向日葵》中青绿色的背景在这里被换成了鲜艳的宝蓝色。这幅画比之前那幅更别致，着重表现了有如粗钉般的花瓣和花萼。1920年《六朵向日葵》被日本大阪附近的芦屋的一个叫山本小弥太［Koyata Yamamoto，译者注：姓名顺序疑似反了］的棉花商人购得。这也是凡·高作品首次进入日本收藏圈——这一收购再合适不过了，因为凡·高曾那么崇拜日本艺术。1945年8月6日，原子弹袭炸广岛的同一天，芦屋也因盟军的一次空袭变成废墟。山本的房子着火，大火吞噬了《六朵向日葵》。

一幅十分罕见的《六朵向日葵》的彩色复制品最近出现在东京武者小路实笃［Mushakoji Saneatsu］纪念馆，这座纪念馆是为纪念作家武者小路实笃而建。这里展出的印刷品时间大约在1921年，能看得出凡·高用他自己做的画框来装这幅画，这是一个染成橙色的木质框，与背景那强烈的蓝色形成对比。[12]尽管原作遗失，但现在我们至少能有一幅不错的复制品展示《六朵向日葵》，如作者所期待的那样被人看到。

这头两幅向日葵据我们所知从未公开展出过，人们只是通过一些专业书籍才知道它们的存在，但另外两幅在那次疯狂的向日葵周后半段完成的作品如今却是凡·高最受欢迎的作品——不计其数的复制品令它出名。第三幅《十四朵向日葵》，画的是一大束花绽放在青蓝色的背景中（图64）。1912年这幅作品被慕尼黑的新绘画博物馆的前身获得。尽管在20世纪30年代被纳粹认为是"颓废"艺术，差点儿卖掉，不过在战争期间它被保护起来，并撤出藏到了阿尔卑斯山脚下的新天鹅堡，也躲过了慕尼黑受到的盟军空袭。[13]

第四幅向日葵，也是最伟大的一幅，《十五朵向日葵》（图65），展现的是黄色背景下的橙黄色花朵——这是令人震惊的大胆观念。整个构图（如所有凡·高的向日葵静物）看似简单：一束花，一个乡村风格的罐子，一张桌子表面，一面墙。花朵来自生命的不同阶段、不同状态，暗示着时间的推移。尽管每一朵花都仔细刻画，但它们仍是风格化的。凡·高的目标是抓住花的精髓。《十五朵向日葵》一直都在凡·高的弟媳乔手里，直到1924年伦敦的泰特美术馆用1304英镑购得（1961年被转到国立美术馆）。在二

图 61 《罐子里的野花》，1888 年 5 月，布面油画，56 cm×48 cm（包括画框），巴恩斯基金会，费城（F600）

图 62 《三朵向日葵》，1888 年 8 月，布面油画，73 cm×58 cm，私人收藏（F453）

图 63 《六朵向日葵》，1888 年 8 月，布面油画，98 cm×69 cm（不包括画的木框），毁于 1945 年

图 64 《十四朵向日葵》，1888 年 8 月，布面油画，91 cm×72 cm，新绘画陈列馆，慕尼黑（F456）

图 65 《十五朵向日葵》，1888 年 8 月，布面油画，92 cm×73 cm，国立美术馆，伦敦（F454）

战期间，为了躲避德军炮火的轰炸，这幅画被转移到湖区的芒卡斯特城堡［Muncaster Castle］。如今它是国立美术馆最受欢迎的藏品。[14]

　　凡·高必然对他这一周的辛勤付出感到骄傲。他为《十四朵向日葵》和《十五朵向日葵》装裱入框，并挂在客厅里，并在此期待艺术家朋友高更的到来。在一封给提奥的信里，凡·高将静物四重奏与同样将特别的花作为自己主题的两位当代法国艺术家进行比较："牡丹是让南的，蜀葵是科斯特的，而向日葵是我的。"[15] 乔治·让南［Georges Jeannin］与恩斯特·科斯特［Ernst Quost］事实上已被今天的人们忘记。尽管凡·高的一生中未能将他的任何一幅向日葵卖出去，但现在任何一幅若是流入市场，一定会是天价。

第十章

夜的色彩

"夜晚远比白昼更有活力，更色彩绚烂。"[1]

19世纪80年代，瓦斯已被人用于街道照明，同时在室内使用也逐渐普遍。凡·高对于色彩有着高度的敏感，他痴迷于观察事物如何在人造光下改变它们的样子。1888年8月，他对提奥说起自己计划创作一幅有关夜晚的画："我或许将从我住的咖啡馆的室内入手，在夜晚的瓦斯灯下。在这儿人们把它称作'夜间咖啡馆'（随处可见），因为整夜开放。这样一来，当'夜猫子们'没钱在外住宿或是因为醉酒而被拒绝入住的时候，便能在这里打发一晚。"[2]

接下来的一个月里，凡·高曾有三天通宵不睡，而在白天睡觉。他把自己的画板就架在车站咖啡馆的入口处，无疑会引起不少夜归人和醉醺醺的顾客的兴趣。他通过使用互补色来传递一种情绪："我试图用红色和绿色来表达可怕的人类激情。房间是血红和暗黄色，中央是一张绿色的桌球台，四盏柠檬黄色的灯发出橙色和绿色的光。随处可见差异巨大的绿色和红色的对比与冲突。"[3]咖啡馆的墙壁确实不太可能真的刷成鲜红色（天花板也不太可能是绿色），所以这种用色方法应该就源自他的想象。

在《夜间咖啡馆》的画面中央是桌球台，是咖啡馆的主人吉努负责管理的。堆满酒瓶的柜台上方的挂钟显示刚过午夜。在这个房间的后面一对情侣分享着一瓶酒，还有三个人在打盹儿（右边戴草

图69 《罗恩河上空的星夜》细部，奥赛美术馆，巴黎

帽背向观众的那个，可能是画家自己）。如凡·高所说，"这里是幽会之所，时不时地你能看到一个妓女和男伴坐在桌边"。如果说《卧室》（图21）传达的是一种静谧之感，《夜间咖啡馆》则表达完全相反的效果。"我试图去表达这样一种念头，即在咖啡馆你可以毁灭自己、发疯、犯罪"，凡·高如是说。[4]

一周以后，凡·高开始着手画一幅十分不同的夜景，《夜晚的咖啡馆门廊》（图67）。这次的气氛温和了许多。画面不再引发幽闭恐惧症，五六个行人走在露天的、鹅卵石铺就的街道上。画面的上方是夜晚的天空，一颗颗大得夸张的星星闪耀着，下方是论坛广场［Placedu Forum］。几年后出版的一张明信片展现了同一场景（图68）。[5]很可能就在凡·高在此创作之后不久，在他当年放置画架的位置旁边，人们设置了一个较大的公共厕所。

这间论坛咖啡馆是阿尔勒地区最高级的两家咖啡馆之一[6]——所以令人感到惊讶的是，一直貌似穷困潦倒的凡·高却似乎是这里的常客。莫里尔-彼得森后来曾回忆起他与凡·高在这里共度的时光，这个丹麦艺术家经常在此饮酒（有两封保存下来的他写给哥本哈根朋友的信是用咖啡馆的便签纸写的）[7]。这里同样也是凡·高和博赫常常饮酒的地方[8]。

在凡·高的画中，右边亮灯的商店是一家理发店——"论坛发廊"。紧挨着发廊的右边（已经看不到了）大约应该曾经是原先罗马论坛遗址的两根黑色石柱及山墙。在明信片里这些都可以看到，嵌在旅店入口左边的建筑里。凡·高似乎是故意把这些古罗马遗迹从他的画面中剔除，或许是觉得它们与生动的咖啡馆气氛不合。凡·高对威尔描述自己的画："在门廊，画了小小的饮酒的人。一盏巨大的黄灯照亮了门廊、建筑立面、人行道，甚至将光投射到鹅卵石的大街上，发出一丝粉紫色的光。"正是这些色彩令凡·高感到兴奋，"一幅没有黑色的夜晚画面"。[9]

"我强烈地喜欢在夜晚站在某处画画"，他解释道。但是在黑暗中工作并非易事，因为很容易就搞错颜料，"在黑暗中把蓝色当成绿色，粉色丁香画成蓝色丁香"[10]。尽管困难重重，聪明的凡·高却抓住笼罩着整个惬意门廊的温暖的瓦斯灯橙黄色灯光与无尽天空的深蓝色之间的强烈对比。

图 66　《夜间咖啡馆》，1888 年 9 月，布面油画，70 cm×89 cm，耶鲁大学美术馆，纽黑文（F463）

图 67 《夜晚的咖啡馆门廊》，1888 年 9 月，布面油画，81 cm×65 cm，克罗尔－米勒博物馆，奥特洛（F467）

图 68　论坛广场 68 号，
约 1905 年，明信片 [15]

凡·高夜景图的第三幅重要作品是《罗恩河上空的星夜》（图 69），这幅画探索宽广的河流，一直奔向南方阿尔勒的中心。瓦斯灯的亮光在湍急的河水中留下的倒影被夸张了。一位阿尔勒女子和情人在沙洲上漫步，享受着二人时光。曾有报纸通讯偶然提及凡·高创作此画。这篇文章（在此也是首次刊印）提及凡·高是四位在阿尔勒画画的艺术家之一："凡·高先生，一位印象主义画家，据悉，在夜晚工作，借助瓦斯灯的灯光，在我们四座广场之一"——可能指的是拉马丁广场（图70）。[11] 这也是画家的名字最早一次出现在出版物上 [12]。

他把画板立在堤坝上，这里是他再熟悉不过的地方。曾有人传说凡·高把点燃的蜡烛放在自己的草帽上以便夜晚作画 [13]。这种古怪的做法有人说是出自戈雅 [Francisco Goya]，他曾在18世纪90年代画过一幅自画像，画中的自己就戴着这样的帽子 [14]。头戴一顶点着蜡烛的帽子一定是非常不实用（也很危险）的，所以凡·高可能采用了一种更为平常的做法——站在街头的路灯下面，把蜡烛放在颜料箱上或者在调色板上也放一根。然而不管他到底是如何工作的，在天黑后的拉马丁广场作画一定为他引来许多人的关注，因为这里从早到晚都很热闹。

凡·高向提奥这样描述这幅画："最后是星空，事实上是在夜晚画的，利用瓦斯灯的亮光。天空是蓝绿色的，水是宝蓝色的，大

图 69　《罗恩河上空的星夜》，1888 年 10 月，布面油画，73 cm×92 cm，奥赛美术馆，巴黎（F474）

Chronique Artistique
ET MUSICALE

Après l'indiscrétion (si indiscrétion il y a) commise tout récemment par *le Forum* au sujet des remarquables travaux d'un peintre de talent de passage dans notre ville, M. Belon, nous sera-t-il permis de dire à notre tour quelques mots de trois ou quatre autres peintres de mérite également dans nos murs en ce moment :

L'un d'eux, M. Stein, est en train, dit-on, de peindre dans la cour d'une antique et remarquable maison de la rue des Arènes, un de ces puits de forme originale comme on en rencontre encore dans les vieux hôtels de notre ville.

Un autre, M. Cazil, s'est installé à Montmajor pour en reproduire les magnifiques ruines, tandis que le troisième, M. Vincent, peintre impressionniste travaille, nous assure-t-on, le soir, à la lueur des becs de gaz, sur l'une de nos places.

En dehors de cela, ces messieurs prennent au cours de leurs promenades des vues de nos monuments ou des coins pittoresques des environs d'Arles. C'est ainsi qu'on pouvait les voir ces jours derniers, en compagnie d'un ou deux autres artistes, de notre ville ceux-ci, dessinant aux Alyscamps la chapelle Sainte-Accurse, celle-même que M. Belon a représentée dans le charmant tableau auquel il travaille en ce moment.

图70 "艺术专栏",《青铜人报》, 1888年9月30日

地是淡紫色的。小镇是蓝色和紫色。灯光是黄色的，其倒影是泛红的金黄色，向下逐渐变成绿铜色。"[16] 凡·高画出了北斗星，夜空中最容易辨识的星星，在西南方向，不过它本应该朝向北方。

《罗恩河上空的星夜》可以算是另一幅更为著名的《星夜》的先驱，即次年夏天凡·高住到圣雷米精神病院时画的那幅。在后来的那幅画中，星星和月亮照亮了两棵向上升腾的柏树。星星给予凡·高巨大的灵感，在暖风温柔之时，他欣赏着普罗旺斯的夜晚。"看到星星，常常让我很容易想到地图上代表村庄和城镇的小黑点，让我做梦"，他写信给弟弟说。[17]

有着近乎贪婪的创作欲的凡·高，很快就意识到如果他在黄色小屋里拥有瓦斯灯，他就能在日暮之后画画了。随着天黑得越来越早，在1888年10月初，他花了25法郎在自己底层的两个房间安装了瓦斯灯，这样他（以及后来到来的高更）就可以在夜晚继续工作了。在作品《黄色小屋》（图1）中，街道上一堆堆的大地色或许就代表主要的瓦斯管道。凡·高对结果很满意。他舒服地窝在黄色小屋里，满心欢喜地向提奥写道："尤其是在夜晚，有了瓦斯灯，我爱极了工作室的样子。"[18]

第十一章

高更的到来

"他是一个非常非常有趣的人，我十分有信心与他在一起，我们能做许多了不起的事。"[1]

就在凡·高步入黄色小屋的那一刻，他便梦想能与一位艺术家伙伴分享这里——很快他便将目标锁定高更。他们二人是1887年12月在巴黎相识的，不过在分道扬镳之前他俩彼此并不了解，次月，高更离开巴黎，前往阿旺桥布列塔尼渔村的艺术家聚集地。又过了一个月，凡·高便去了阿尔勒。

1888年5月1日，在租下黄色小屋仅仅几个小时后，凡·高便对提奥表示"说不定高更会到南方来"[2]。7月高更接受了他的邀请，但后来又找了一堆借口搪塞。高更无疑是意识到这种安排可能会在经济上是有利的，因为这样一来会令他更接近提奥，后者正在巴黎的布索&瓦拉东画廊售卖他的作品。但高更同时也意识到凡·高极可能是个很难相处的伙伴。正如提奥所知，他的哥哥不好对付："他讲话的方式会令他人要么很喜欢他，要么无法容忍。他的身边总是围绕着那些被他吸引的人，但同样也有很多敌人。他无法在人际往来中无动于衷。非此即彼，即使那些把他视作挚友的人都发现他很难相处。"[3]

凡·高决意要将高更诱哄到阿尔勒，下一步便是交换画作。8月，他们共同的朋友贝尔纳来到阿旺桥与高更一起，几周后，凡·高建议两位身在布列塔尼的画家给对方互作肖像，然后寄来挂在黄色小屋。作为交换，凡·高在10月初给他们寄去两幅画——一幅罗恩河河景送给贝尔纳（图48），一幅自画像给高更，这也是他在阿尔勒画的第一幅自画像。

图73 《带贝尔纳肖像的自画像（悲惨世界）》细部，凡·高博物馆，阿姆斯特丹（文森特·凡·高基金会）

图 71 《给高更的自画像》，1888 年 10 月，布面油画，62 cm×50 cm，哈佛大学美术馆，福格美术馆，剑桥，马萨诸塞（F476）

凡·高的《给高更的自画像》（图71）引人注目，画中的他神情冷峻，背景是青绿色的。他的头发剃得很短，或许是由于普罗旺斯天气太热。他解释道。他"稍微歪斜了眼睛，用的是日本风格"。[4] 凡·高着手将自己描画成一个日本僧侣，其灵感源自他对这个国家艺术的喜爱以及他对洛蒂的最新小说《菊花夫人》的倾慕（该书中也描绘了一群剃平头的日本僧侣）。[5] 高更欣赏这位友人的自画像，但凡·高坚定的神情或许令他再次三思对方是否能做一位温和的室友。

虽然凡·高请高更与贝尔纳互作肖像，两位阿旺桥的艺术家却有一些略微不同的想法。他们寄来的都是自画像，不过在背景中加上了对方肖像的小图（图73）。[6] 如凡·高的自画像一般，高更也在作品中增添了与文学的关联：根据维克多·雨果的小说，他命名自己的画为《悲惨世界》。高更觉得自己的命运与书中的主角，受迫害的边缘人冉阿让 [Jean Valjean] 有几分相似。在自画像中，他戏剧化地从画面左下角出现，眼睛充满力量。凡·高赞许高更的画作"了不起"，将其悬挂在工作室墙上最显著的位置——静待友人的到来。[7]

正当高更仍犹豫不决时，凡·高再次恳请他快来，并盛赞阿尔勒各种令人欣喜的东西。最终高更答应了，并以明显的热情回应，"我喜爱你描画你房子的方式，喜爱那里的布置，迫不及待想见到它"，他写道。几周后，凡·高给他寄去一幅小型素描，画的是主卧，以此来强调黄色小屋房间内的安适。[8] 他写信给提奥，"为了好好工作，你就需要吃得好，住得好，时不时有点儿性生活，还能静静地抽烟、喝咖啡"。[9]

高更马上要来的消息令凡·高满心乐观，满怀希望，"待在同一个地方，我将看遍四季更迭，在春天见到同一片果园，在夏天见到同一片麦地"，他对提奥说。两个星期后，他进一步说明，说自己计划明年着手花卉题材，然后是收获主题，但"会变一种色彩，首先是换一种画法"。[10] 凡·高将自己比作一只蜘蛛，"待在蜘蛛网上等待苍蝇"，他解释道："既然我现在已经安顿下来，我便能利用所有晴好的日子，利用一切机会时不时地画一幅真正的画。"[11]

同时，凡·高也获得了正式的法国居留许可。政府刚刚引进一套系统，为外国居民注册。10月16日，他去市政厅拿到自己的居住证，次日他便开始创作"卧室"主题的作品（图21）。身份登记一定给予了他信心，觉得自己终于安顿下来了。直到逝世，凡·高都小心翼翼地保存着这份重要文件。本书也将其首次影印刊出（图72）。

经历了从布列塔尼到阿尔勒的一段奔波的旅程，高更终于在1888年10月23日这天到来了。他乘坐的火车一大早就到了，所以在叫醒凡·高之前，他先去了车站咖啡馆，见过他自画像的老板立刻认出了他。"你是那个朋友，我认识你"，吉努对他说。[12]高更喝了杯咖啡，然后叩响黄色小屋的房门。凡·高兴奋地将他领到楼上的客房，房间墙上装饰的《向日葵》系列令高更眼花缭乱。凡·高在南方与人分享工作室的梦想终于实现了。

虽然凡·高努力表现自己的热忱，高更还是被室内的混乱场面吓坏了。凡·高的颜料箱便是这一问题的缩影：里面堆满了挤过用过的颜料管，但没有盖好盖子，部分已经干掉。"一切都是如此混乱，我感到震惊，"高更回忆道[13]。凡·高的这位客人坚持要求钟点工每周多来几次[14]。

在受够了主人的笨拙之后，高更接管起做饭的活儿。他后来回忆并抱怨凡·高做的汤。"我真不知道他是怎么做出这一堆东西的——毫无疑问就如同他画中的色彩……我们没法儿咽得下去。"[15]另一位凡·高的阿尔勒朋友雷医生后来也曾记得他的"小炉子上煮着鹰嘴豆，从来就没煮熟过"[16]。高更很快便定下一条新规："我在小瓦斯炉上烧饭，凡·高提供所需。"[17]凡·高相当感激，告诉提奥他的新访客"知道如何完美地煮东西吃"[18]。

凡·高非常渴望开始共同创作，而对居家事物毫无兴趣。这位主人不顾高更旅途

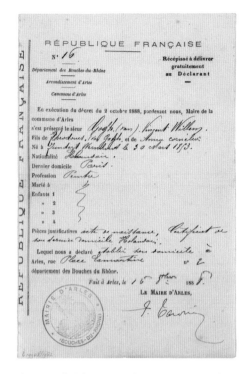

图72 凡·高的登记证，1888年10月16日，阿尔勒镇长，21 cm×13 cm，凡·高博物馆，阿姆斯特丹（文森特·凡·高基金会）[19]

图73 保罗·高更，《带贝尔纳肖像的自画像（悲惨世界）》，1888年9月，布面油画，45 cm×55 cm，凡·高博物馆，阿姆斯特丹（文森特·凡·高基金会）（W309）

劳顿，仍坚持即刻动手创作。高更后来指出有些画家热切地想要立刻动笔作画，"有些人一下火车，就拿起调色板，不消一刻便为你画了一幅日光图"，他说。高更喜欢先了解一个地方："我需要一个酝酿期，每一次都要学习，植物、树木，简言之，自然的实质是各不相同的。"[20]

在两人共度的第一周，他们分别选择不同的主题。凡·高完成了两幅秋日风景，描绘刚刚耕犁过的田地。其中一幅上有一名播种者，另一幅上戏剧性地画了一棵树干的特写。[21]高更画了一间位于阿尔勒之外的农舍和一位黑人女子。（灵感可能源自一年前旅居马提尼克的西印度岛的时光。）[22]

重要的不仅仅是一起创作，还有相互讨论作品。两个男人无时无刻不在讨论艺术，常常聊到深夜。他们争辩现代绘画的发展方向，分析他们各自喜爱或鄙视的艺术家的作品。他们也为自己如何能卖出自己的作品而苦恼。一切看起来似乎都为更深层次、更富有成效的合作做好了准备。对凡·高而言，他的一生不断面对各种挑战，而这段日子一定曾经是他一生中最快乐的时光。他心中充满希望，在朋友到来一周后，凡·高胜利般地向提奥汇报："小屋的运转非常非常顺利，不仅变得越来越舒适，而且变成了艺术家之屋。"[23]

第十二章

伊甸园般的田野

"一行行树木宛如立柱，排在道路两边，沿着路边是
丁香紫色的古罗马坟墓……地上铺满厚厚一层橙色、黄色
的落叶，仿佛盖着一条毯子。"[1]

凡·高和高更享受着一起在亚力斯坎散步的时光，这里是小
镇东南郊古罗马墓园所在地。其普罗旺斯名字来自拉丁语Campi
Elisii［意为"伊甸园般的田野"］——美德之灵魂栖息的神秘伊甸
园。这里将成为两位艺术家首次肩并肩架起画板作画的地方。

在这个漂亮的地方，道路两侧都是树木（图74），是由17世纪
的天主教修士规划的，树荫下是从古罗马墓地保护保留下来的雕花
石棺。林荫道经过圣·阿格斯［St Accurse］礼拜堂，一直通向12
世纪的圣·奥诺拉［St. Honorat］教堂。尽管19世纪40年代末修建
铁路沿线工厂的时候，巨大的罗马墓地几乎尽毁，但这条林荫道却
得以保存下来。从护城墙走过来只需几分钟，这里已然是人们傍晚
散步以及恋人们约会最钟爱的地方之一。

艺术家们也常常被这一著名景点吸引。在凡·高与高更于此
创作前的一个月，就有两位艺术家在此画过一些风格不同的作品。
阿尔勒的一份报纸（图70）记录了本地画家若泽·贝隆［José
Belon］的作品《嫉妒！》（图75），该作品属于当时流行的写实
主义叙事风格，描绘了一个情绪低落的阿尔勒女子从圣·阿格斯大
门的一场舞会离席。同样在这个月，美国艺术家彭内尔到访阿尔
勒，他画了远处的一个牧师走向圣·奥诺拉教堂，用作一篇游记的
插图（图76）。[2]

到了10月下旬，亚力斯坎的景致变得更加引人入胜。高更到来
的前一天，凡·高向弟弟汇报："树叶开始落下，树木明显变黄，

图80 《亚力斯坎（落叶）》
细部，克罗尔－米勒博物
馆，奥特洛（F486）

并且一天比一天更黄，其漂亮程度不亚于开花的果园。"他已经催促提奥尽快多寄一些颜料来，让他可以捕捉秋天的树叶，它们"一定是迷人的……只能维持一周"。[3]

凡·高与高更出门散步，被树叶不断变换的色彩打动。他们决定第二天早晨回去开始创作。凡·高着手两幅竖版的风景，为了突出树木的高度。早在荷兰初涉艺术之时，他就曾创作过此类题材：一条林荫道伸向远方，逐渐消失在地平线，制造出画面深度，并将观者吸引进来。而这一次，他将重点放在秋天的色彩上——白杨树棵棵耸立，犹若橙黄色落叶之路上的火焰。

两幅竖版的画都是站在林荫道的位置画的。其中一幅朝着远处圣·奥诺拉教堂的方向（图77）。凡·高对教堂钟塔稍做改动，令其看起来位于两排树中间（实际上钟塔是出了视线左边的，而且并没有这么一个尖顶）。一个阿尔勒女子和她的轻步兵恋人朝画家方向走来。凡·高选择将临近的铁路工厂的两根冒着烟的烟囱画进来，而它们实际上一定破坏了古墓地的宁静。另一幅则选择了相反的角度，从圣·奥诺拉附近的位置面向亚力斯坎入口（图78）。画家在石棺之间草草画了几个人，在白杨树的对比之下显得十分矮

THE ALISCAMPS, ARLES.

小，这幅画中的树木看起来愈加宛如火光升腾。2015年，一位亚洲
买家以6600万美元购得此画[4]。

又过了一两天，当树木开始变得光秃秃的，凡·高画了两幅横
版的风景，并命名为《落叶》[5]。他将画板支在位于林荫道北边附
近克拉波讷运河河岸上的一个高台阶上。这两幅画因其独特的截断
式构图，令人想到日本浮世绘。凡·高用黑色或深蓝色勾画树干轮
廓，这种技法是高更和贝尔纳常用的——俗称景泰蓝式（得名于同
名工艺）。

这两幅画同样也是面对相反的方向。 幅朝向入口，穿过
排排紫色的树木，一对爱侣沿着铺满落叶的金色小路走过来（图
79）。凡·高这样对提奥描述这幅展现树木落叶的画："一些树叶
仍在飘落，像雪花似的。路上深色的人形是情侣。"[6]

凡·高的另一幅横向画作上画着些深绿色的树（原本更偏向
紫色，但是红色颜料褪色了），面向圣·奥诺拉。路上走着一个撑
着红色阳伞的阿尔勒女子，还有一位长者正向一个胖胖的女士打招
呼。凡·高很有可能在11月1日下大雨的时候在黄色小屋给这幅画
补了几笔。两幅画原先被构思为一对，从两个不同方向望向道路，
凡·高很得意地将它们挂在客房墙上。

图 77 《亚力斯坎》，1888 年 10 月，布面油画，89 cm × 72 cm，Goulandris 收藏，洛桑（F568）

图 78 《亚力斯坎》，1888 年 10 月，黄麻布面油画，92 cm×74 cm，私人收藏（F569）

高更虽然就在身旁作画，却选择了极不相同的景致。第一幅画，他爬上狭窄运河的堤岸，朝向圣·奥诺拉的钟楼（图81），画面中心是三个阿尔勒女子，他形容她们是"维纳斯神庙中的美惠三女神"[9]。画中明显消失的是原本位于右边运河堤岸下方的石棺，左边的铁路工厂也几乎未被画出，除了一些犹如白色羽毛似的轻烟，隐约代表着这一牧歌式的风景之外的那个工业世界。

高更的另一幅画《亚力斯坎和圣·奥诺拉入口》（图82）中虽然画了几个坟墓，但整个场景却并不容易辨认出是亚力斯坎。高更画出了大门，却没有画教堂和钟塔（应该就在左边的位置）。落叶铺满地面，还有一些飘在半空中。

两位画家的亚力斯坎风景的系列作品为我们提供了难得的机会比较二人全然不同的风格。论及构图，高更更具新意。他刻意选择

了不同于当时明信片上常见的"游客照"的视角。凡·高的第一组竖幅风景更像是传统的风景画,但两张横幅画作就变得更为有趣了,利用树干制造了强有力的格纹。二人风格的不同也表现在他们的工作方式上。高更很乐于回到画室,在那里他让自己的记忆与想象力自由驰骋。凡·高则觉得在户外直接面对所选择的场景时更自在。

在创作亚力斯坎风景时,高更对他们用的材料采取了变化。在二人的头一组作品中,他们都使用传统的画布(图77和图81),但高更则更喜爱一种更粗糙的表面。在他到了几日后,他购买了一捆20米的黄麻布,然后二人都开始使用,令他们的作品也呈现一种更粗犷的样子。[10]阿尔勒当地有几家商店售卖黄麻布,但两位画家可能是在位于甘贝塔街的卡尔门商店购买他们的画布的(极有可能

图81 保罗·高更,《亚力斯坎》,1888年10月,布面油画,93cm×73cm,奥赛美术馆,巴黎(W314)

图82　保罗·高更,《亚力斯坎和圣·奥诺拉入口》, 1888年10—11月, 黄麻布面油画, 73 cm×92 cm, 东乡青儿美术馆, 东京(W316)

时年13岁的让娜·卡尔门当时就在店里帮忙)。凡·高和高更二人最终用这卷黄麻布完成了27幅他们的秋天画作。

论及技巧, 高更画得较薄, 凡·高则钟情于厚涂法。在色彩方面, 高更尤其偏爱强烈的橙色色调, 这就令秋天的树叶成为理想的主题。凡·高喜欢互补色, 所以他画了紫色树干上的橙色树叶。两位艺术家互相激励, 他们都渴望相互学习, 也希望超越彼此。

第十三章

"好姑娘街"

"我们已经去了几次烟花巷，而且看起来我们最近会常常光顾那里去工作。"[1]

"好姑娘街"，这是凡·高对红灯区的称谓。这一地区常常上演暴力事件。[2]它原本的名字叫作Ruedu Boutd'Arles（意为阿尔勒的尽端路），因为它是位于护城墙前小镇东北角的最后一条街道。其名字从象征主义的角度来看也是很贴切的。因为对这些妇女来说，皮肉生意也是她们不得已的最后营生。街道不长，凡·高时代这里街道两边各有7座小房子而已。根据1890年《米里耶名录》（图83）记录，共有6家妓院。彼时在法国，卖淫行业是合法的。官方要求其限制在登记备案的房屋中进行。姑娘们必须完全服从。尽管如此，仍然常有不服管教的事情发生。

阿尔勒的妓院毗邻改革派的修道院和贫民窟修女学校，它们的存在令修女们和当地居民十分不悦。1886年他们请愿政府将其移走："自从妓院搬来阿尔勒，我们的孩子们、女儿们、妻子们就每日目睹世上最无耻下流的场景……夜晚的争吵打闹声破坏了宁静，令疲惫工作一整日的可怜工人们无法安歇……这个区域完全不适合搞这种营生，尤其还离重要的学校和修道院这么近。"[3]凡·高在此期间，这条小街就曾发生过谋杀和几起严重的斗殴事件。凡·高曾轻描淡写地称这里住的是"暴徒"。[4]

图86 《妓院一景》细部，巴恩斯基金会，费城

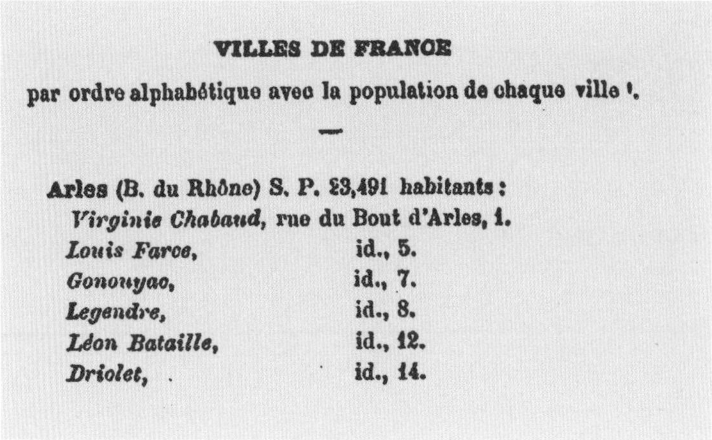

图 83　阿尔勒的妓院，妓
院备案目录，1890 年 [8]

VILLES DE FRANCE

par ordre alphabétique avec la population de chaque ville ¹.

—

Arles (B. du Rhône) S. P. £3,491 habitants :

Virginie Chabaud, rue du Bout d'Arles, 1.
Louis Farce, 　　　　　　id., 5.
Gonouyao, 　　　　　　　id., 7.
Legendre, 　　　　　　　id., 8.
Léon Bataille, 　　　　　id., 12.
Driolet, 　　.　　　　　· id., 14.

　　从阿尔勒尽端路到卡雷尔旅馆步行只需要3分钟。在凡·高第一次来这里之前，1888年3月11日发生了一次暴力事件。三个法国士兵在餐馆吃完晚饭，然后便去了阿尔勒尽端路1号，一家当地报纸称之为"欢乐屋"的妓院。[5] 这家妓院后来很快便在画家自己的人生故事中占据重要地位。其中一个士兵留宿在1号，另两位去了14号，在14号门口，他们碰到了三个意大利人，几个人就谁应该先进去发生了争执，他们打了起来。矛盾在改革派路的街角激化。意大利人把两名法国士兵捅死了。

　　正在自己房间睡觉的凡·高被骚乱吵醒。意大利人被抓了。凡·高后来对提奥说，群众们"差点儿就把关押在市政厅的凶手就地正法了"。几乎占小镇半数人口的差不多上万人在当天早晨聚集在一起。当日晚些时候，凡·高出席了庭审并且"利用这次机会去了叫'改革派'的小路上的一家妓院"，并评价说这代表着"我对阿尔勒女子的情欲是有限度的"。[6]

　　小街在新闻里仍不时被提及。士兵谋杀案一个月后，一个妇女受到诉讼，因为她鼓动未成年人在非法妓院中从事卖淫活动。11月，两个木匠之间发生斗殴，一个被打成脑震荡，另一个被打断了胳膊。1889年4月，又有士兵和妓院顾客发生械斗。[7]

　　凡·高很快成为红灯区常客。他向贝尔纳这样描述其中一间妓院："一间大房子，墙上涂着蓝色的石灰粉——像一所乡村学校——大约有50名红色（制服）的士兵和黑色（衣服）的市民，他们的脸是漂亮的红色或橙色（就是此处脸的颜色），女人们穿天蓝色、朱红色，一切最纯然、最花哨的颜色。"[9]大多数男人一定是关注这里诱人的肉体，但凡·高即使在妓院也保持艺术家的敏锐，只关注色彩。

对于嫖娼这件事，他的心态是矛盾的。早在6年前当他仍在海牙的时候，曾经爱上了一个妓女西恩·霍尼克［Sien Hoornik］，令他的家庭十分愤怒，后来她同意放弃这个营生，两人在一起同居了将近两年，所以对凡·高而言，他非常清楚这些女性所面对的苦楚。他仍有欲望，但他也意识到自己的古怪性格很难让自己找到女朋友。当时的法国普遍接受嫖娼是"必需的恶魔"。凡·高的态度也反映了那个时代的男性道德观。

凡·高写信给贝尔纳宣称自己现在活得"像个僧人"。令人惊讶的是，他也并不羞于告诉他的弟弟自己去妓院——事实上是提奥在为之买单。在他那些没完没了要钱的信件中，他曾有一次抱怨道"已经至少有3个礼拜我没钱上那儿了"（这钱够在餐馆吃几顿饭）。[10]

凡·高与贝尔纳的信中更详细地描述了这些夜晚的造访，认为它们为其艺术带来灵感。那年夏天，贝尔纳用大量妓女的素描震撼了凡·高（其时贝尔纳已经受到了同是科尔蒙弟子的图卢兹-劳特雷克的影响）。其中有一幅水彩画画着一位穿着踝靴，打扮古怪的妓女在饮酒，身后站着一位老妇（图84），穿着蓝色西装、面前放着个酒瓶的男子很可能是凡·高（在巴黎时贝尔纳曾画过他的一些相似的速写，图6）。房间背后的墙面被艺术加工了，上面挂着一幅画，画的是夏娃伸手够苹果。贝尔纳在水彩画上签名，"赠予我的朋友凡·高，这幅傻乎乎的速写"。虽然这幅画及其签名看起来都十分轻松，但在反面贝尔纳抄写了一首他创作的有关嫖娼之罪恶的诗，其中有这样的句子，"为了你的私欲，将孩子们压迫于寻欢作乐的桎梏下"。[11]显而易见，贝尔纳对于嫖娼的态度也是矛盾的。

10月初，贝尔纳又寄来11幅水彩，装在一个文件夹中，命名为《在妓院》。正是这一系列作品促使凡·高画了自己的《咖啡馆》一作，上面有一个老鸨和一个妓女，"在争吵后和解"。[12]凡·高本想把这幅画寄给贝尔纳，但后来视其为败笔，并迅速毁掉。

高更在10月的到来增加了去阿尔勒尽端路的频率。凡·高的朋友麦克奈特从凡·高在阿尔勒光顾过的一个女子那儿染了病，而高更最终在搬去大溪地岛后也未能幸免。[13]

凡·高向提奥说起自己和高更已经去过红灯区。一周后，凡·高"粗粗画了一间妓院"，这是一幅小型的油画速写。[14]《妓院一景》（图86）至今仍相对无名，收藏于费城巴恩斯基金会，该机构不外借其藏品，并且直到20世纪90年代之前也不允许任何彩色版本的印刷品刊出。凡·高画的是妓院的酒吧间。三个女子衣着花哨地坐在前景中，桌子的另一端坐着一个戴黑帽的男子在喝苦艾酒，后面还有两个士兵和女伴。

这幅画应该是取景于阿尔勒尽端路上的某个房子，很可能就是1号（这里共有7名妓女，5个都出现在这幅画里）。虽然凡·高曾经观察过这样的场面，但他可能并没有在那里作画（这个房间无疑是十分昏暗的，虽然挂有吊灯）。所以他不得不再次根据记忆创作，其结果看起来也就是一幅十分粗糙的、表现主义风格的作品。凡·高曾希望从这幅油画速写出发，画一幅更大更完整的作品，但一直未遂。

尽管凡·高与高更曾雄心勃勃地说到要在妓院"创作"，但他们并没有画过表现女性私密的作品。他们的计划——几乎未能实现——是探索人之间的社交关系。[15]但是常常光顾尽端路的想法或许多少让他们似乎合理地耽于世俗的放纵。

在离开阿尔勒很久之后，高更曾发表过一篇回忆录提及这里的一间妓院，他称其主人叫路易老爹。这便是位于街上5号的那家。根据1886年阿尔勒人口普查以及《米里耶名录》的记录，路易姓法尔斯［Farce］［这个名字一定被他的客人们取笑过，因为在英语和法语中的意思一样（意为"闹剧"，译者注）］。高更回忆道："在路易老爹那儿，他十分骄傲地向我展示他独特的客厅。作为一个艺术家，我理应是一个优秀的评判者，他说客厅里是两幅漂亮的古皮耶版画，布格罗画的圣母以及同一画家画的维纳斯。"[16]古皮耶是提奥工作所在的巴黎画廊。所以高更在这样一个地方看到自己画商出品的印刷品一定觉得很滑稽。女神维纳斯像，应该可以确定就是《维纳斯的诞生》这一幅（图85）。我们并不清楚法尔斯挂维纳斯和圣母的画是为了取悦客人还是为了假装体面。

高更和凡·高都很瞧不起威廉-阿道夫·布格罗［William-Adolphe Bouguereau］这种流畅的写实主义画风。高更曾经狡黠地评价法尔斯的艺术品位："路易老爹，在此处表现得像一个天才。作为一个出色的妓院老板，他已然了解布格罗这种缺乏革命性的艺术，也清楚它们属于何处。"[17]

NAISSANCE DE VÉNUS

图85 威廉-阿道夫·布
格罗，《维纳斯的诞生》，
1879年，古皮耶印刷品，
54 cm×39 cm（图像尺寸）

图86 《妓院一景》，
1888年11月，布面油画，
33 cm×41 cm，巴恩斯基金
会，费城（F478）

阿尔勒尽端路，在凡·高离开后几年，便结束了其有伤风化的命运。在不断被投诉此处离天主教小学太近之后，1904年妓院终于被关闭。一年后，这条路更名为"学校街"，似乎为了彻底根除此地跌宕的往昔所有记忆。

第十四章
合作

"高更给了我想象的勇气，而想象出来的事物确实需要具备一种更为神秘的特征。"[1]

"我终于画了一个阿尔勒女人……花了一个小时"，1888年11月3日，凡·高写信给提奥时兴奋地说道[2]。这都多亏高更帮他找来了模特，这个法国人连哄带骗地说服端庄的玛丽·吉努做模特。她后来曾描述两位画家是如何哄她的，他们宣称要请她去黄色小屋喝咖啡。高更后来还和她开玩笑，说"您的肖像将会悬挂于巴黎的卢浮宫"[3]。1922年吉努夫人回忆起这段话，而30年后凡·高的《阿尔勒女人》真的被卢浮宫收藏了（现展示于奥赛博物馆）。

在征得玛丽的同意后，两位画家立刻开始创作，完成了两件截然不同的作品。在凡·高的《阿尔勒女人》（图87）中，一位40岁的咖啡馆女主人穿着当地的传统服装，一条深藏青色的裙子，一块带蕾丝的三角形披肩，底部有花朵图案。她的头发用长长的发带绑在后面。桌子上放着的阳伞和手套，是几天后凡·高加上去的。[4]吉努一直保留着对"凡·高先生"的美好回忆，称他是自己认识的最好的人[5]。

高更用全然不同的方式处理同一主题。在凡·高迅速完成自己

图98 《凡·高的椅子》
细部，国立美术馆，伦敦

的画作时，高更只是画了一张大尺寸的素描，几天后，高更凭借这一草图完成了一幅描绘车站咖啡馆和女主人的油画（图88）。尽管画中吉努的姿势与凡·高画中相似，整件作品却呈现完全不同的气氛。凡·高将阿尔勒女人画成沉思的样子，她用手托着脑袋，这一姿势从传统上来说与忧郁相关联。高更的阿尔勒女人坐在自己的咖啡馆中，显露出一副精于世故的模样，画家把她精致的阳伞和手套换成了一杯苦艾酒、糖和苏打水。

高更在黄色小屋完成的这件作品，画中有一张桌球台，下面躲着咖啡馆的小猫，后方有两组客人。一个男子趴在桌子上，旁边是戴着军帽的轻步兵，另一张桌子旁坐着邮递员鲁兰，还有三个打扮

图87 《阿尔勒女人（玛丽·吉努）》，1888年11月，黄麻布面油画，93cm×74cm,奥赛美术馆，巴黎（F489）

图88 保罗·高更，《夜间咖啡馆》，1888年11月，黄麻布面油画，72cm×92cm,普希金博物馆，莫斯科（W318）

得极具异域风情的，甚至有些日本化的女子。这些是"在妓院看到的人物"，凡·高这样评论。这种说法一定会让女主人（或鲁兰夫人）感到不快。[6]

高更的画作直接致敬凡·高的《夜间咖啡馆》（图66），这个法国人以同名为自己的作品命名[7]。房间与凡·高作品中描绘的样子差不多，墙面是鲜红色的，虽然背景和色彩相同，但两件作品呈现的效果却全然不同。凡·高关注的是咖啡馆粗鄙的氛围，高更则画了一幅吉努夫人在自己地盘的肖像。两位艺术家在相互鼓励的同时，仍然保持着自己的个性。

某日，两位画家在穿过蒙马儒尔山南坡一个葡萄园散步后决

定再次就同一主题进行创作。凡·高告诉提奥："我们看见一片红色葡萄园，就像红酒那样红。离得远些的地方变成黄色，有太阳的天空是绿色的，田野是紫色的，雨后处处闪着黄色的光，映射着落日。"[8]

凡·高回到工作室后根据记忆画出了他的理解。《红色葡萄园》（图89）捕捉了面向阿尔勒一方的景色，在远景右端可见钟塔。事实上一个月前，人们就已经开始了收获工作，所以画面上画得有些笨拙的葡萄采摘者其实是源自画家的想象。落日的光辉将一切染成火焰般的红色和橙色。人们通常以为红色是来自葡萄，但极有可能它也是在果实成熟时迅速变色的枝叶。《红色葡萄园》最终成为唯一有记录的凡·高在世时售出的作品。1890年2月在布鲁塞尔的Les Vingt（1883年在布鲁塞尔成立的前卫艺术家团体，译者注）展出后，就被画家的朋友欧仁的妹妹、比利时艺术家安娜·博

图89 《红色葡萄园》，1888年11月，黄麻布面油画，75 cm×93 cm，普希金博物馆，莫斯科（F495）

图90 保罗·高更，《葡萄收获》，1888年11月，黄麻布面油画，74 cm×93 cm，奥德罗普格格美术馆［Ordrupgaard］，夏洛滕隆，哥本哈根附近（W317）

赫［Anna Boch］以400法郎购得。

高更对蒙马儒尔葡萄园的演绎十分不同。《葡萄收获》同时也被画家冠以《人类的悲怆》之名（图90）。画面中央是一个沮丧的女子，她用双手托着下巴，身旁站着一个黑衣人，拿着一筐葡萄，其形象令人不安。在他们身后有两个布列塔尼妇女俯身朝向一堆葡萄。高更视这件极其神秘的作品为自己的"年度最佳"。[9]

又一次的傍晚散步再次给予二人灵感。在看到"柠檬黄色的落日，神秘，美到极致"之后，凡·高将这一场景画入一幅播种者的作品。这也是他最爱的主题之一。[10]《落日中的播种者》（图91），画面以树为主，秋日树叶稀疏，强烈分割式的构图来自日本版画。凡·高很有可能也受到高更两个月前在阿旺桥画的《布道的幻象》的影响，该作品的画面也是被一棵树斜向分割。[11]

在凡·高的秋日之景中，太阳变成了农夫剪影头顶的光晕，

图 91 《落日中的播种者》，1888 年 11 月，黄麻布面油画，74 cm×93 cm，Bührle 收藏，苏黎世（F450）

后者的模样只有在光线附近才可辨识。凡·高如此描述他的色彩："硕大的柠檬黄色的圆盘是太阳。黄绿色的天空上有粉红色的云。田野是紫色的，播种者和树是普鲁士蓝的。"[12]落日与播种者在一起象征了死亡与再生的轮回，凡·高在树干底部签了名字，表明自己对该作品是满意的。

高更鼓励凡·高根据记忆创作，他让凡·高画两幅表现人群的作品[13]。第一幅是《阿尔勒的竞技场》（图92），描述了在古罗马斗兽场中的一场斗牛表演。这个荷兰人几个月前曾记录道："有阳光和人群的斗牛场是多么漂亮。"[14]斗牛表演一般在4月和9月展开（凡·高曾与博赫一起去过），所以在高更到那儿之后并没有机会现场写生。

在《阿尔勒竞技场》中，占据整个画面的既不是斗牛表演，也不是壮观的古罗马建筑，而是观众。事实上，小小的、模糊的斗牛几乎消失在沙地看不清楚。大多数观众都草草画就，只用一两根黑线捕捉人形。如果把凡·高画的人群的近景与一张关注竞技场巨大体量的早期明信片（图93）相比，是十分有趣的。画家彭内尔曾在9月斗牛赛季去过阿尔勒，也画过同样的场面。彭内尔站在较高的位置，在画中也强调了竞技场的体量，而把观众画满画面下方（图94）。

在第二幅描绘人群的作品《阿尔勒舞厅》中，凡·高倾注其想象力。该作品描绘了在"阿尔勒的疯狂"的一次表演晚会——这是一家能提供舞台或戏剧演出的音乐咖啡厅。[15]人群被画得像是镶嵌画，每个人都被景泰蓝式的线条勾边。右边，在戴红帽子的士兵下方的女性是奥古斯蒂娜·鲁兰，邮递员的妻子，与出现在凡·高的肖像画和《摇篮曲》（图102和图104）中的人看起来很像。凡·高自豪地告诉提奥他开始"根据记忆作画了"[16]。

接下来凡·高着手一系列肖像画，包括高更的肖像画（图97）。曾有长达60年，这幅画被认为是赝品，如今已被证实其真实性。[17]它会遭受质疑并不奇怪，因为这不是常见的凡·高的速写作品，也或许它其实是为一幅更野心勃勃但并未实现的画作准备的未竟的习作。无论如何，这幅肖像对于记录两位艺术家在阿尔勒期间的合作关系是重要的。在凡·高尝试画下高更的同时，他的朋友也正在完成《向日葵画家》，表现荷兰人正在创作他的静物代表作。[18]

在大约同时期的另一幅自画像（图96）中，凡·高采用了两个月前为高更画的那幅作品中的相似姿势（图71）。在前一幅作品中，凡·高剃了平头，而现在他的头发又长出来了。后一幅画中他的样子更加温和，不像给高更的那幅画中那么咄咄逼人。凡·高将他的新作献给夏尔·拉瓦尔 [CharlesLaval] ——高更的艺术家朋友（拉瓦尔一年前曾和高更一起前往马提尼克旅行，在高更来了阿尔勒之后，他一直待在布列塔尼）。拉瓦尔曾经从阿旺桥寄来自画像，所以凡·高以此做交换。[19]

与高更在一起这段时间，凡·高创作的最不同寻常的"肖像"是为二人平日坐的椅子画的一对作品，它们就摆放在黄色小屋红色的地砖上。代表高更的是他的扶手椅，被新装的瓦斯灯照亮。[22] 椅子上有一根点燃的蜡烛和两本小说，意味着高更在夜晚可能在这儿很舒适地休息看书。椅子看起来应该是胡桃木的，与客房里的床和其他家具很配。

图92 《阿尔勒的竞技场》，1888 年 11—12 月，黄麻布面油画，73 cm×92 cm，艾尔米塔什博物馆，圣彼得堡（F548）

图93 竞技场，约1920年，明信片[20]

图94 约瑟夫·彭内尔，《阿尔勒的竞技场》，1888 年 9 月[21]

THE ARENA AT ARLES.

　　凡·高接下来画的是被他描述为"我自己的空椅子，一把杉木椅，上面有一个烟斗和烟袋"（图98）。他的"乡下的"草编椅可能是他9月份等朋友来时买的一套12把椅子中的一把。[23]这样一件简简单单的家具反映出和高更相比，自己是一个更为谦逊的人，而后者则更有自信，更具野心。画面中令人惊异的是其透视，椅子几乎要闯入观者的空间。尽管凡·高在12月就已经基本画完自己的椅子的大部分，但直到1月才添加了烟斗、烟草并彻底完成。[24]这

两件私人物品像是微缩的静物，暗示画家不断反思的性格。抽烟是凡·高一直保持的一种休闲方式，借此放松自己。背后带有签名的盒子，里面装的可能是发芽的洋葱（或者大蒜），其意义为何？仍是个谜。

　　人们通常认为凡·高和高更之间不断发生口角，最终导致二人的合作以不快收场。他们彼此间的关系绝非全然如此简单，但可以肯定的是确实变得比较堪忧。凡·高总是难以妥协也总是很固执。高更虽然年长凡·高5岁，自信满满，但也是个难搞的角色。当高更开始售卖自己画作的时候，凡·高却未能成功卖出自己的作品——他越来越感受到高更的成功带来的威胁。虽然二人性格迥异，但是他们在阿尔勒合作的几周却十分高效多产。

　　阿尔勒和黄色小屋为两位艺术家提供了各自所需。他们有人陪

图 95　《阿尔勒舞厅》，1888年11—12月布面油画，65 cm×86 cm，奥赛美术馆，巴黎（F547）

图96　《给拉瓦尔的自画像》，1888年11—12月，布面油画，46 cm×38 cm，私人收藏（F501）

图97 《高更》，1888年12月，黄麻布面油画，38 cm×34 cm，凡·高博物馆，阿姆斯特丹（文森特·凡·高基金会）（F546）

伴，有一个舒服的家，还有来自提奥的固定资助，有丰饶的风景给予他们创作灵感，最重要的是，总是能够与人热情高涨地讨论自己的作品。1888年10月22日，在朋友来了一个月后，凡·高对提奥说自己"非常开心拥有高更这样的好伙伴"[25]。

图98 《凡·高的椅子》，1888年12月—1889年1月，黄麻布面油画，92cm×74cm，国立美术馆，伦敦（F498）

第十五章

邮递员鲁兰

"鲁兰对我们好极了，我敢相信他将永远会是个忠诚的朋友。"[1]

约瑟夫·鲁兰［Joseph Roulin］，这个留着大胡子的邮递员成为凡·高在阿尔勒最亲密的朋友。他47岁，是个负责在火车站装载货物的职员，一家人就住在附近。他与凡·高是一起喝酒的朋友，常常聚在车站咖啡馆。凡·高这样形容他的新伙伴，说他是"一个脾气火爆的共和派"，也是一个特别"有意思的"人。[2]

鲁兰及其家人很快就成为凡·高最重要的肖像画对象。凡·高最初是在1888年7月31日画了一幅鲁兰——这一天邮递员的妻子正好为他生下第一个女儿玛塞勒［Marcelle］。在这种情况下，鲁兰很难保持最放松的状态，不过他或许也正好找一个借口离开家。凡·高这样形容模特，"一个邮递员，穿着一件蓝色带金色装饰的工作服，一张大大的脸，留着络腮胡，很像苏格拉底"。[3]画家并没有支付鲁兰做模特的钱，而是带他出去吃喝，不过结果花费一样多。

在这幅大半身肖像中（图99），鲁兰坐在一张藤椅上，与《日本女孩》（图50）同样的椅子。他大大的身体几乎占满整个构图，络腮胡子一直伸出脸的下方，令他有种温和的风度。鲁兰穿着深蓝色的制服，上面有金色的穗状装饰，头戴一顶帽子自豪地表明自己的职业。正如许多凡·高的作品一样，画中人的胳膊和手画得比较

笨拙。这件首幅肖像将最终令画家在4个月后完成一件更为有雄心的作品。1888年12月1日，凡·高向提奥汇报："我已经为全家人完成了肖像……男主人、妻子、宝宝、小男孩和16岁的儿子，所有这些人，尽管他们有俄国人的相貌，却十分法国味儿。"[4]这些画完成得都十分迅速，可能只用了一个多礼拜。虽然尺寸都差不多，在形式、人物姿势、背景和风格（品质）上却大不相同，所以只能大致被视为一组。约瑟夫的半胸像（图100）画得比夏天里的第一幅更快，也更有风格。[5]画中鲁兰的深蓝色制服被画家大胆地画在深黄色的背景中形成对比。

凡·高为鲁兰37岁的妻子奥古斯蒂娜［Augustine］作的肖像与众不同（图102）。她坐在靠窗的另一张扶手椅中，窗外是6个装着球茎的大盆，看起来还有一条蜿蜒的道路。球茎和道路一定是画家想出来的元素，而不是真的存在于画室外面。高更也给奥古斯蒂娜画了肖像，画中的她脸部特征更为丰满（图101）。尽管整体构图相似，窗户却没有出现，但能看到画室房门的一部分。在背景中高更添加了自己一幅画作的下半部分（大致看起来是这样），一幅他在阿尔勒完成的风景《蓝色的树》[6]。两位艺术家很可能是同时为鲁兰夫人画像的，不过两件作品之间却存在一些细微的区别，比如扶手椅的上部以及奥古斯蒂娜的领口。

凡·高还画过一幅奥古斯蒂娜抱着4个月大的婴儿玛塞勒以及宝宝个人的肖像。看见母女俩一起让凡·高想到了自己在海牙的岁

图101 保罗·高更，《奥古斯蒂娜·鲁兰》，1888年11—12月，布面油画，51 cm×64 cm，圣路易斯艺术博物馆，圣路易斯（W327）

图102 《奥古斯蒂娜·鲁兰》，1888年11—12月，布面油画，54 cm×65 cm，OskarReinhart收藏，温特图尔（F503）

月，那是6年前，当时他的伴侣西恩生了一个男孩取名威廉·霍尼克[Willem Hoornik]（不是凡·高的孩子）。两个不同的孩子却都让凡·高为新生儿眼神中"无尽的"表情所打动。[7]

在所有鲁兰家的肖像中，最成功的当属为正做铁匠学徒的长子阿尔芒[Armand]画的一对。当时他17岁，在阿尔勒东面的朗贝斯克村工作，鲁兰一家就来自那里。[8]在其中一幅中，他穿着时髦的黄色夹克衫，戴着蓝色的帽子，脸上带着一种漂亮男孩难得的沉思表情（图103）。凡·高以小儿子、11岁的学生卡米耶[Camille]的肖像完成了这组家庭肖像。

为了感谢他们为自己做模特，这组作品被送给了鲁兰一家。过了几个月后，凡·高又画了几幅肖像。其中最重要的一幅是别具风格的奥古斯蒂娜的肖像，他取名为《摇篮曲》（图104）。身形丰满

图103　《阿尔芒·鲁兰》，
1888 年 11—12 月，布面油
画，65 cm×54 cm，Folk-
wang 博物馆，埃森（F492）

图104　《摇篮曲》，奥古
斯蒂娜·鲁兰，1889 年 1 月，
布面油画，92 cm×72 cm，
美术博物馆，波士顿（F508）

的母亲拿着一根绳子，可能另一头连着玛塞勒的婴儿床。[9] 她坐的
椅子和前一幅画（图102）中的一样，椅子放在画室的红砖地面上，
背景是图案鲜艳的墙纸，来自凡·高的想象。不过她的种种特征与
前一幅画明显不同，更具母性特质。凡·高进一步画了4个不同版本
的该幅作品，意味着其重要性。

　　凡·高最终一共为鲁兰一家画了23幅肖像，超过他在阿尔勒时
期肖像作品的半数。[10] 当画家的画作在市场刚刚有了好销路，他
们就开始出售，1900年巴黎画商安布鲁瓦兹·沃拉尔［Ambroise

Vollard] 就购得其中8幅。[11] 3年后，约瑟夫·鲁兰在马赛逝世，妻子奥古斯蒂娜一直活到1930年。

他们的女儿玛塞勒后来成为凡·高最后的模特。1955年，她受采访谈及画家。[12] 显而易见，她对画家本人并没有直接记忆，但他们家确实常常谈到他。她的父亲，那个邮递员，说到凡·高经常来他们家"喝点儿汤"。玛塞勒，这位凡·高亲历其出生的女性，死于1980年，享年91岁。

第十六章

丧失心智

"当我头脑发热或精神错乱或者疯狂的时候，我真是
不知道该怎么称呼或形容那种状态，我的思绪便漂洋过
海。"[1]

1888年12月23日夜里，凡·高寄予黄色小屋的希望以悲剧收
场。早在月初时候，麻烦就开始隐约出现。大约两周前，在当地一
家酒吧曾发生过一起不幸的事件。高更后来提及，说凡·高拿起自
己的苦艾酒："他突然把杯子连同里面的酒砸向我的脑袋。我躲开
并朝他胸口打去，然后离开了咖啡馆。"[2]次日高更写信给提奥说
自己准备回巴黎。"凡·高和我绝对无法相安无事地共同生活，我
们性格不合，他和我都需要安静地搞创作"，他解释道。[3]高更威
胁自己要离开确实很大程度上给凡·高带来困扰。

二人过了几天后和好了，并一起坐火车去阿尔勒以西约70千米
的蒙彼利埃［Montpellier］度过一次愉快的旅行。他们的计划是去
法布尔博物馆看那里重要的19世纪中期的绘画藏品，是由收藏家阿
尔弗雷德·布吕亚［Alfred Bruyas］捐赠的。这次参观十分成功，
第二天早晨高更对凡·高宣称觉得"那个过去的我回来了"。[4]

12月22日，星期六夜里，高更给他巴黎的朋友埃米尔·舒芬奈
克［Emile Schuffenecker］写了一封长信，告诉他自己决定留在
阿尔勒："我现在还不回来。我在这儿的情况有些复杂；我亏欠提
奥和凡·高很多，尽管存在一些不合，我却不能对这样一个杰出的
灵魂抱有成见，他病了，饱受痛苦，且求于我。"[5]

12月23日，星期天，成了灾难性的日子。连续下了4天雨，两
位艺术家一直待在家里，在画室并肩创作。星期天对他们来说就和
其他日子没什么两样，工作就是生活。这天提奥寄来一封信（从巴

图21 《卧室》细部，凡·高
博物馆，阿姆斯特丹（文
森特·凡·高基金会）

153

黎来的邮件正常情况下是隔天抵达并在周日派送）。凡·高拆开信松了一口气，里面装着他一直急切等待的100法郎现钞——提奥一直定期寄给两位艺术家的补贴。[6]

虽然钱是最被期待的，随信而来的消息却不是。两周前，大约在12月10日，提奥遇见了一个来巴黎玩的荷兰朋友，26岁的乔安娜·邦格。在前一年提奥曾经去阿姆斯特丹向她求婚，但是被乔拒绝了，原因之一在于她当时另有男友[7]。这一次情况大不相同，二人经历了一次旋风似的浪漫爱情。相遇一周后，乔同意嫁给提奥。

大多数作者一直认为凡·高在割耳事件前并没有听说提奥订婚的事，但是这个消息非常确定是在12月23日送达凡·高的。两天前提奥已经写信给他们的母亲，恳请她准许自己的婚姻。然后他一定想要尽快与凡·高分享这个激动人心的消息（如果他拖延了，那凡·高也一定从母亲那里间接得知此事了）。[8]乔似乎也在12月22日给哥哥亨德里克写信，因为他是在次日回复了一封贺电。因此我们有理由相信与此同时提奥也与自己的哥哥联系了。[9]

因此凡·高一定是在他割耳朵前几个小时得知弟弟订婚的消息的[10]。很难想象他会是在第二天才收到那封信，当时他已经虚弱地住进医院，到圣诞节提奥在医院看望他的时候他也已经知道这个消息了。在探望之后，提奥告诉乔"当我和他提到你，他显然知道我说的是谁，以及我是什么意思"。[11]有可能提奥说的"提到"也是为了确定哥哥已经收到了来信。这一时间点的推测在很久以后提奥和乔的儿子凡·高·威廉的一次描述中也得到了证明，他在20世纪50年代曾写道："凡·高在阿尔勒时与高更发生的摩擦恰恰始于他收到来信得知提奥意欲结婚……他（凡·高）的脑海中一定闪现了这样的念头：自己将失去提奥的支持。"[12]

提奥很快将要有个妻子，可能还会有孩子要抚养（事实上，他们的孩子凡·高·威廉生于1890年1月，在婚礼后九个月又两周，图105）。这就意味着提奥提供给凡·高的经济补贴或许要受到威胁。凡·高定期收到这些钱已经有8年之久，如果没有这些钱，他永远不可能以艺术家的身份生存下去。同样重要的还有，他也害怕自己会失去提奥给予的情感支持，他是自己唯一亲密的家庭成员。从更深层次来说，或许还存在嫉妒的因素；提奥成功地找到真爱，而凡·高却无法维持长期稳定的恋爱关系（除了在海牙与西恩）。

12月23日晚上，凡·高与高更共进晚餐，有人猜测，可能喝了不少酒，也许花的钱部分来自提奥信里附带的100法郎。黄色小屋

图105 乔和凡·高·威廉，1890年4月，Raoul Saisset摄于巴黎，凡·高博物馆，阿姆斯特丹（文森特·凡·高基金会）[13]

里的气氛突然变得紧张，高更外出散步。凡·高跟出来，问他是不是打算回巴黎去。高更回答是的，凡·高给他看一篇他从那天《不妥协报》[L'Intransigeant]剪下来的新闻。标题是"巴黎割喉"，报道了一个19岁男孩遭人用刀残暴刺伤。凡·高让高更注意最后一句话："凶手逃跑了。"高更被这几个字吓到并抄在自己在阿尔勒的素描本里。[14]

15年后在大溪地岛，当描述阿尔勒那个灾难性的夜晚时，高更增加了一个细节：凡·高曾在拉马丁广场用一把剃须刀威胁过他。高更描述道："我听到身后传来一阵熟悉的脚步声，匆忙的，跌跌撞撞。我转过头去，凡·高立刻拿着一把打开的剃须刀冲到我面前。那一刻我的眼神一定充满无穷力量，因为他停下来了，低下头，跑回屋子。"[15]这个故事在悲剧发生那么久以后讲出来，有可能是添油加醋的，甚至是捏造的，为了避免任何人对高更所作所为的指责。

凡·高返回黄色小屋，上楼回到自己的卧室。他的剃须刀可能和洗脸盆一起放在梳洗台上。上方挂着一面镜子（具体细节见第十五章末图21的局部）。凡·高抓住自己的左耳——然后拿起剃须刀朝向自己。他把耳垂往下拽，迅速割下耳朵。在他死后的数年里，不断有人在争论他割下的到底是整个耳朵还是只是耳垂[16]。从某种意义上来说，他到底割除了多少并无多大差异，因为无论如何这都是一种可怕的自残行为，不过可能性比较大的是耳朵的下半部分或稍微再多一些。

我们永远无法确切地了解这种反常的自残行为背后的真正原因，但这一行为很有可能是他用一种绝望的方式恳请帮助。1893年马西彼欧写的一封信中透露了另一种可能性，他曾找到凡·高的医治记录，上面写着他"受到幻听的折磨"，听到责骂羞辱之声。这就表明他可能想割掉耳朵，徒劳地想要隔绝那些威胁之声[17]。

鲜血从伤口喷涌而出，凡·高抓起旁边墙上钉子上挂着的毛巾。他小心翼翼地用纸包起那块割下来的肉，并且放进自己的贝雷帽。尽管当时自己很虚弱，他仍步行穿过拉马丁广场走向阿尔勒尽端路1号，到那儿时已经大约夜里十一点半了。他似乎要求找自己最常找的姑娘。

一份阿尔勒地方报《共和论坛报》称这个姑娘叫瑞秋，没有提及姓氏（图106）[18]。过了差不多40年之后，当时接到报警赶到妓院的警员阿尔方斯·罗伯特[Alphonse Robert]提供了她的花名

图106 报道割耳事件的相关报纸，自左上角开始顺时针方向分别是《南方信使报》（1888年12月25日），《法国画报》（1888年12月26日），《共和论坛报》1888年12月30日），《小南方人报》（1888年12月29日）。

是加比［Gaby］，加布丽埃勒［Gabrielle］的昵称。[19]但1886年和1891年的审查记录的妓女名单中并没有带这两个名字的（不管怎么说，卖淫确实是个短期营生）。[20]我们比较确定的是管事老鸨的身份，在最近被发现的有关阿尔勒妓院的档案中再次被确认：维尔日妮·沙博［Virginie Chabaud］，在凡·高时代她40来岁（她的教名一定也令她的顾客嘲讽过）[21]。她登记的职业是卖柠檬水的，不过有人怀疑她也卖烈性饮料。

瑞秋（或者加比）在打开包裹的那一刻昏了过去。凡·高立刻逃跑了，妓院里一片喧闹，罗伯特在午夜前就已经赶到那里。他非常了解阿尔勒尽端路，早前他就抓了杀害两名士兵的意大利人中的一个[22]。罗伯特通知了局长约瑟夫·道尔纳诺［Josephd'Ornano］，两人一起在1888年12月24日凌晨去了黄色小屋[23]。

Uu peintre qui se coupe l'oreille. — Hier soir, un individu se présentait à la porte de la maison de tolérance n° 1, sonnait et remettait à la femme, qui vint lui ouvrir, une oreille pliée dans un morceau de papier, lui disant: « Tenez, cela vous servira. » Il s'en alla ensuite. Je vous laisse à penser l'étonnement et l'effroi que dut avoir cette femme en trouvant une oreille dans ce papier. La police faisant peu après sa ronde, eut connaissance du fait et, avec le signalement donné et grâce aux recherches de M. le secrétaire Barbezier, a été sur les traces de cet étrange personnage. Ce matin M. le commiseaire central et son secrétaire se sont transportés au domicile d'un peintre hollandais nommé Vincent, place Lamartine, et ont appris par la bonne qu'elle avait trouvé ce matin un rasoir ensanglanté sur la table et ont trouvé ensuite l'artiste peintre couché dans son lit avec une oreille coupée et dans un état assez grave. M. le commissaire central l'a fait transporter à l'hôpital.

On ignore quel mobile a poussé cet homme à commettre une pareille amputation et sous quelle influence il a agi.

Le coupé. — Sous ce titre, nous avons, mercredi dernier, relaté l'histoire de ce peintre de nationalité polonaise qui s'était coupé l'oreille avec un rasoir et l'avait offerte à une fille de café.

Nous apprenons aujourd'hui que cet artiste peintre est à l'hôpital où il souffre cruellement du coup qu'il s'est porté, mais que l'on espère le sauver.

Le Petit Journal
DANS LES DÉPARTEMENTS
Télégrammes de nos correspondants spéciaux
(24 DÉCEMBRE)
ARLES

Hier soir un nommé Vincent, artiste peintre hollandais, après s'être coupé une oreille avec un rasoir, est allé sonner à la porte d'une maison mal famée et a remis son oreille pliée dans un morceau de papier à la personne qui est venue ouvrir disant : « Tenez, cela vous servira. »

Il est parti ensuite. La police a recherché cet individu et l'a trouvé couché chez lui. Son état très grave a nécessité son transfert à l'hôpital.

Chronique locale
—

— Dimanche dernier, à 11 heures 1|2 du soir, le nommé Vincent Vaugogh, peintre, originaire de Hollande, s'est présenté à la maison de tolérance n° 1, a demandé la nommée Rachel, et lui a remis .... son oreille en lui disant : « Gardez cet objet précieusement. » Puis il a disparu. Informée de ce fait qui ne pouvait être que celui d'un pauvre aliéné, la police s'est rendue le lendemain matin chez cet individu qu'elle a trouvé couché dans son lit, ne donnant presque plus signe de vie.

Ce malheureux a été admis d'urgence à l'hospice.

这次事件引起了广泛关注，据悉至少有四家报纸报道了此事。《共和论坛报》刊登的短讯曾在1955年有关凡·高的文献中提及，但其他几篇直到最近才被发现（图106）。[24]《南方信使报》[Le Messagerdu Midi] 上刊登的最新报道提供了更多细节，指出Vincent Barbezier是妓院事件后协助追查到凡·高下落的警官。据说凡·高的钟点工也曾在他桌上见过"一把沾满血的剃须刀"，她说的可能就是在《卧室》一作中角落里的梳洗台。新闻媒体在拼写艺术家姓氏的时候遇到一些麻烦。《共和论坛报》称他为"Vaugogh"，另一份报纸叫他"凡·高"，还有一份报纸说他是波兰人。

在拉马丁广场从凡·高身边逃走的高更，没有再回黄色小屋，他在镇上一家旅店过夜。第二天早上8点不到当他返回时，看到"一个矮个子男人戴着圆顶帽，是一位警察局长"。警察局长问他："你对你的同伴做了什么？"[25]高更生怕凡·高可能死了，他走进卧室——看到他还活着松了口气。凡·高问他要了烟斗，然后同意去医院。

两位画家都认识警察局长，因为警察局就在拉马丁广场相隔没几户。高更看不起道尔纳诺，在速写本上画了他两幅漫画（图107）。第一幅画的是个矮个子男人戴着圆顶帽，正盯着一只火鸡看，配文是："我是长官！！！"另一幅画着他拿着公务用的手杖，迷惑地看着画架上的一幅画，出言不逊地说："你还画画？！"[27]

凡·高刚刚被带到医院，高更就给巴黎的提奥发电报，后者正准备关闭画廊过圣诞节。提奥原本满心憧憬着与未婚妻共度节日，但却不得不搭夜班车南下。乔留在巴黎与兄弟安德里斯待在一起，提奥捎来一条简短的消息，告诉她："凡·高病得很严重。我不清楚发生了什么，但我必须赶过去。"[28]

次日早晨，圣诞节这天，提奥到达阿尔勒，前往医院，这是他此行唯一的目的地。当得知这次受伤是自残行为，而且凡·高的生命有"危险"[29]，他心忧如焚。或许听起来令人吃惊，他只在阿尔勒待了几个小时，便在当晚和高更乘火车返回巴黎——甚至不知道自己是否还能再见到哥哥。1888年12月26日二人双双到达巴黎。乔在一大早便前往阿姆斯特丹，去见家人并安排订婚一事的有关通知。

在返程中，提奥写信给在阿姆斯特丹的乔，简单汇报了凡·高的情况，但没有太多细节："在过去几天，他表现出来的症状都是最可怕的疾病、疯狂，高烧的侵袭，他用小刀伤了自己……在那儿待着实在令人悲伤，因为他的痛苦不时地涌上心头，他会想要哭泣，但又无法哭泣。可怜的斗士，可怜的，可怜的受苦人。"[30]

很少有人的健康问题会在他们死后一个多世纪里像凡·高这样被人如此广泛地调查研究。他已经成为各种医学报刊数千篇论文的研究对象。他自己的医生认为是癫痫病。[31]在最近几十年里的其他一些诊断结果有说是苦艾酒中毒，有说是美尼尔氏症（内耳），有说是铅中毒，有说是边缘型人格障碍，还有急性间歇性卟啉病（或酶缺损）和双相型障碍（躁郁症）。凡·高的家族也确实有一些基因上的遗传问题，他的弟弟科尔就曾在南非自杀，威尔后半生长达39年都是在精神病院度过的[32]。有关凡·高的疾病问题至今仍众说纷纭。

第十七章

雷医生

"雷真的是个好人，他勤奋极了，总是在工作。如今的医生们都多好啊！"[1]

在离开妓院回家爬上楼梯钻进被子之后，凡·高一定经历了一个可怕的夜晚。接着警察就来找他了。次日清晨，看到高更回来了，凡·高同意被送到医院，这也就意味着他要坐着马车沿着石子路一路颠簸穿过小镇，一定吃足了苦头。到了医院，他的伤口需要立即清洗以减少感染的风险，然后他被安顿在挤满了人的男性病房里。很难想象他当时的精神状态——他的脑海中会闪现怎样的念头。

医院的房子是从一座1573年的孤儿院改造而来的，凡·高入住时这里已经十分破旧。这儿只有一间男性病房，大约30米长，两边排布着十来张病床。虽然床与床之间用帘子隔开，但其实并没有多少隐私可言。护士都是修女，病房那头有个小门，上方有耶稣受难像，那里是小礼拜室（图108）。[2]负责医治凡·高的是菲利克斯·雷［Felix Rey］，一个年轻实习医生。

圣诞节这天提奥曾经来看凡·高。第二天鲁兰来了，发现病人的情况十分糟糕。当鲁兰要走的时候，凡·高对他说他们"在天堂再见"。鲁兰给在巴黎的提奥寄了封短信，说"我觉得他迷失了"。[3]我们可以想象提奥收到这封信时的感受是多么痛苦，而哥哥又远在他乡。到12月27日，凡·高的精神状态更加恶化了。雷

图109 《菲利克斯·雷》细部，普希金博物馆，莫斯科

161

声称他曾经"跑去躺在别的病人床上"，还"穿着睡袍去追值班护士"。[4] 医院不得不把凡·高锁在隔离室里，在那儿他始终保持"一言不发"[5]。医生们认定他应该被送往精神病院。

但接下来凡·高出人意料地康复了。12月30日，在割耳事件一周后，雷汇报说他的病人已经"好了一些"并且被转入男性病房。[6]又过了三天，凡·高已经好转并被允许下楼去雷医生的办公室，在那儿他给提奥写了一封让他放心的信，说自己希望尽快出院。雷很友善地加了一段话："过激行为稍纵即逝"，"再过几天他就会康复了。"[7] 1889年1月5日，提奥觉得自己是时候出发去荷兰宣布婚约了。

在同一天，鲁兰获准带凡·高回黄色小屋待上几个钟头。在那儿凡·高给提奥写了一封信，情绪出奇的乐观："很快晴朗的日子

图108 《医院病房》，1889年10月，布面油画，72cm×91cm，奥斯卡·莱因哈特［Oskar Reinhart］收藏，温特图尔（F646）

就要来了，我又要动手画开满花的果园了。"[8]他是在1月7日这天出院的。医院的登记簿在很多年前就已经遗失了，但凡·高的入院登记副本保存了下来，是1893年马西彼欧抄写的。凡·高声称父母双亡，事实上他的母亲当时还健在；这或许只是他试图确保不会有人因为事故的新闻与他母亲联系。他骄傲地称自己的职业是"风景画家"。[9]

在他出院当天，发生了一件令人吃惊的事——其意义一直以来在研究凡·高的文献中被严重忽视。画家让三位医院的高职人员跟他一起返回黄色小屋看自己的作品。仅仅一周前他还被锁在隔离室里。而如今他已经有办法让忙碌的医护人员完全放松并跟他一起回家。雷就是三位客人中的一位，不过其他两位的名字在凡·高写给提奥的信中并未提及。[10]这里面可能有医院的财务主管马里于斯·于阿尔[MariusHuard]，他是镇上数一数二的艺术鉴赏家。于阿尔的另一个工作是拉比戴尔博物馆的馆长，这家古物博物馆是由他的父亲艺术家弗朗斯瓦创办的[11]。据说几个月后凡·高赠送给于阿尔一幅自己的画[12]。

至少还有三位医院的高职人员对凡·高的艺术感兴趣，所以他们中可能就有造访黄色小屋的其中一位[13]。安托万·鲁索[Antoine Rousseau]是医院的秘书，他后来得到一幅画着医院病房的作品，接下来他转手给药剂师艾梅·尼维埃[Aimè Nivière]，后者更喜欢该作[14]。凡·高的信中还提到一位来自巴黎在阿尔勒工作的医生，他"对印象派非常好奇"。他可能是阿尔伯特·德隆[Albert Delon]医生，此人在1901年曾试图购买凡·高为雷医生作的肖像[15]。

到了黄色小屋后，三位医院员工看到了凡·高最漂亮的阿尔勒作品挂满墙面，包括《向日葵》系列。看到自己病人画的画，三位访客一定会感到惊讶，甚至是震惊。在他们离开后，凡·高和鲁兰出去吃了一顿饭庆祝自己出院。但令凡·高遗憾的是，邮递员因为工作调动要搬去马赛。大约半个月后鲁兰离开了阿尔勒，这让凡·高一时间感觉自己仿佛失去了亲人一般，他极度渴望友谊——米列在阿尔及利亚，莫里尔-彼得森在丹麦，而博赫在比利时。

虽然凡·高的伤口愈合得很快，但受伤的耳朵却严重变形了。它似乎在不断提醒凡·高自己曾做过什么——而且每个碰到他的人都可以十分明显地看到它。起初他想要把这次事故清出自己的脑海，把它当作一个稍纵即逝的瞬间疯狂忘却。它只是，他写道，

"艺术家疯狂的一次简单的发作，流了太多的血，就好像动脉被切断，然后就是持续高烧"[16]。后来有四次他都委婉地称其为"一次事故"[17]。有一次他使用了"冒险"一词，还有一次他漫不经心地说起得到"一只纸耳朵"[18]。

出院两天后，凡·高重返医院清洗伤口。然后他和雷医生出去散步了一个半小时，足以说明二人正建立起友谊。凡·高告诉提奥他的医生说自己"喜欢绘画，虽然了解不多，但是很乐于学习"[19]。他让弟弟给他寄一幅伦勃朗的《解剖课》的复制品来感谢雷医生，声称后者是"能想到的最配得上该作品的人，最敬业、最英勇，有着男子气概的热心肠"[20]。

在医院时，凡·高就计划为雷画肖像，1889年1月17日他已经画好了这位23岁的医生的肖像（图109）。这是件引人注目的作品，画中医生面无表情注视前方，十分冷漠。当时的一张照片（图110）表明雷本人的脸庞更圆，凡·高在画中所做的改变显示他把脸

图109 菲利克斯·雷，1889年1月，布面油画，65cm×54cm，普希金博物馆，莫斯科（F500）

图110 菲利克斯·雷，约1890年，照片，凡·高博物馆，阿姆斯特丹[21]

的一边变瘦，可能是模特要求的。有些古怪的是，凡·高给雷画了一只红耳朵。画家最后画了部分边框，然后非常醒目地签下自己的名字。

一回到黄色小屋，凡·高就迫不及待开始工作。《有洋葱和信的静物》（图111）是这年最早的画作之一，仿佛体现了画家私人生活的一种引人入胜的洞见。当每天待在自己的家里时，他日益重拾快乐。他那可靠的烟斗和烟草放在离火柴盒不远的地方。蜡烛被点燃，准备就绪——或者用于抽烟，或者用于融化信件上的封印，或者用于阅读。已经翻旧的书是Francois Raspail的《健康手册》，一本大众医学指南[22]。还有一个苦艾酒酒瓶，一个绿色的水罐（洋葱的象征意义在此仍晦涩不明）。

但在凡·高画的这堆东西里最令人玩味的当属信封，在靠近前面的位置（地址是倒着的）。一根用过的火柴放在上面。信封上是提奥的字迹，寄给拉马丁广场的"凡·高先生"。信封上的线索表明这就是1888年12月23日凡·高收到的那封装了钱以及带来订婚消息的信。棕色的字母"R"代表挂号信，蓝色的15法郎和浅棕色的25法郎的挂号信邮票表明里面含有现金。最重要的是圆环中的"67"是一种特殊的"新年期间"的邮戳，专门用于节日时。[23]数字67代表提奥住处附近阿卑斯［Abbesses］广场的邮局，较大的黑色双环图案是普通的阿卑斯邮戳。

虽然看起来这里画的信封代表提奥1888年12月22日带来订婚消息的那封信，但它在画中的含义却令人难以捉摸。把它画在这里是否表明凡·高在经过差不多一个月后终于接受提奥的爱情事实？还是他仍为订婚的事感到痛苦？虽然凡·高后来把自己绝大多数作品都寄给巴黎的提奥，但意味深长的是这幅画是他留在阿尔勒为数不多的一件——并没有让弟弟知道它的存在。[24]

通过对凡·高通信的仔细研究，可以看出他对弟弟订婚一事保持冷静，偶尔有些肯定的评论，但更多是毫无热情的谈及甚至不太礼貌的沉默。1889年1月9日，提奥在阿姆斯特丹举办订婚仪式，凡·高寄来一封简短的信，信上说自己已经回复了乔并给予诚挚的祝贺——所以他只是想"对你重复祝贺的话"[25]。

几日后，提奥（实在有些笨拙）请凡·高估算一下他的开支以便帮助自己规划下婚后的费用。凡·高写了一封长信，主要谈及自己对于经济状况的不安，问都没问关于订婚仪式的事[26]。他后来又写了一封信建议，为了他的社会地位，也为了取悦他们的母亲，提

图 111 《有洋葱和信的静物》，1889 年 1 月，布面油画，50 cm×64 cm，克罗尔－米勒博物馆，奥特洛（F604）

奥应该结婚——但没有提到爱情。"做你必须做的事吧，你可能会获得比从前更多的宁静，即使会置身于1001种麻烦"，凡·高冷淡地说。[27]

回到黄色小屋大约一周左右，他完成了两幅自画像，进一步说明自己并没有丧失艺术技巧。两幅画都十分明显地画出了他包着纱布的左耳（在画中显示的是另一边的耳朵，因为他使用镜子作画）。这是一种刻意行为，因为他完全可以画有着完好耳朵的右边。[28]事实上他完全没必要画自画像，所以这两幅画说明凡·高试图从已经发生的一切中恢复过来，以一种就事论事的方式展示自己的受伤。或许他无法用文字来接受发生的一切，但却试图用艺术来做到。

凡·高的《包扎耳朵的自画像和日本版画》（图112）在构图上呼应作者在巴黎的最后一张自画像（图3）。在1889年年初的这幅画中，他正坐在自己的黄色小屋工作室中，旁边是朝拉马丁广场开的带玻璃窗的前门和外面的世界。墙上的版画在画架下方的位置，是一幅改良版的佐藤吉良［yw1］［yw2］［Sato Torakiyo］19世纪70年代创作的《风景中的艺伎》。这幅画很可能是专门为提奥创作的，以表明凡·高已经回到创作中来。[29]

《包扎耳朵的自画像和烟斗》（图113）的画面相对简单，背景是橘色和暗红色两种颜色，交接在画家眼睛的位置。在两幅自画像中，他都穿着一件深绿色系扣冬装。在寒冷又下大雨的日子空关两周后，毫无疑问房间里又湿又冷。他戴的皮毛帽子是几天前买的，不仅让他觉得暖和，也恰好帮他固定住绷带（同时也很好地挡住了他糟糕的伤口）。

两幅自画像是与雷医生的画像在同一周完成的。几十年过去后，医生生动地回忆起凡·高给他作画时说的话，"只有两种色彩，红色和绿色"[30]。虽然雷收下这幅画作为礼物（还有其他几幅凡·高的作品），但他本人并不太喜欢，尤其是其不同寻常的用色[31]。据说19世纪90年代雷的母亲用这幅画来堵他们家乡下农场鸡舍上的裂缝[32]。这个故事可能是捏造的，更有可能的情况是这幅画一直搁置在他们在阿尔勒的家中阁楼里。

1901年雷认识了夏尔·卡穆安［Charles Camoin］，一个在阿尔勒部队医院工作的21岁士兵。他本人也是一位艺术家，还是亨利·马蒂斯的朋友。雷提到自己认识凡·高，还邀请对方去自家阁楼。[33]卡穆安瞬间就被那些作品打动了，几个月后，他画了一幅有朗格卢瓦桥的风景，向凡·高致敬[34]。雷对自己的那幅画像或其他凡·高的作品都兴趣不大，决定卖了它们，据说是为了给他的妻子安妮买一个餐厅的灯罩[35]。卡穆安联系了马赛商人吕西安·莫利纳尔［Lucien Molinard］，他用350法郎买走6幅画[36]。后来莫利纳尔又把这些画卖给巴黎画商安布鲁瓦兹·沃拉尔。1909年，雷的肖像被莫斯科顶尖的现代艺术收藏家谢尔盖·休金［Sergei Shchukin］购得。

20世纪20年代，回忆过去，雷记得凡·高有"一种痛苦的、受折磨的表情"。凡·高十分紧张，交流困难，"语速极快"。[37]雷后来事业很成功，最终成为阿尔勒医疗行业的领军人物。他一直都保存着凡·高送的伦勃朗的《解剖课》，直到1932年逝世于阿尔勒，享年67岁。他的女儿，波利娜·穆拉尔曾经告诉我："我父亲理解凡·高，但不理解他的画。"[38]

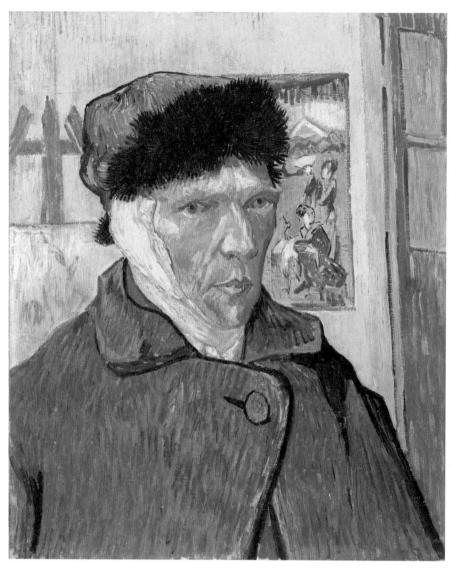

图112 《包扎耳朵的自画像和日本版画》，1889年1月，布面油画，60 cm×49 cm，考陶尔德美术馆，伦敦（F527）

　　至于割掉的耳朵，雷在后来声称自己是在事故发生后差不多一天的样子拿到的（可能是从被叫到妓院去的警察那里得到的）。这个时间已经不可能再把它接回去。虽然没有什么医学价值，雷却把断耳保存在一瓶酒精里。1889年晚些时候，在一次他去巴黎期间，有人把这个瓶子从他办公室清理出来丢掉了。[39]

图 113　《包扎耳朵的自画像和烟斗》，1889 年 1 月，布面油画，51 cm×45 cm，私人收藏（F529）

第十八章

春

"令我感到些许欣慰的是，我开始把疯狂看作是一种疾病，就和别的病一样。"[1]

人可能摔坏胳膊或者腿，然后它会康复，凡·高写信给提奥说，"但我不知道人的脑子坏了以后也能康复"[2]。割耳事件一个月后，凡·高开始疯狂地重新创作。单单1889年1月的后半个月，他就已经充满能量般地画了雷医生的肖像（图109），有信件的静物（图111），两幅自画像（图112和图113），最出色的向日葵系列（图64、图65的临摹）的新版本，还有几张其他作品。这些成绩令人吃惊。

2月2日，凡·高再次来到阿尔勒尽端路1号（可能是在收到提奥100法郎的第二天）。他这样对弟弟解释："当我神志不清的时候，我又回去找我从前找的姑娘。在那儿人们告诉我像那样的事儿在这一带并不是那么意外。她因为那事儿吃了点儿苦，也因此晕倒，但是已经重新平静下来了。"[3]至于凡·高去她那里是找乐子还是只聊天就不得而知了。

凡·高在2月3日的信就如往日一样，说自己一切都好——但是第二天他就被又一次精神打击击垮了。提奥是从弗里德里克·萨勒 [Frédéric Salles] 神父那得到消息的，他是归正会教堂的牧

图 116 《阿尔勒风景》细部，新绘画陈列馆，慕尼黑

师，就在医院附近。由于凡·高从前的新教教士背景，他被邀请来帮忙。2月7日，萨勒写信通知提奥凡·高的情况："已经整整三天了，他都觉得自己被人下毒了，而且他到处看见下毒者和被毒害的人。"[4]当天凡·高被送到医院，再次被关进隔离室。

德隆医生写了一份医治报告："我发现这个人处于一种极端的亢奋状态，他严重神志不清，嘟嘟囔囔说着一些支离破碎的话，只有很短暂的时候能认出身边的人。他主要是得了幻听症（他听到有人在责骂羞辱自己）。"[5]其他还有一些内容提到送他去精神病院，但不到一周凡·高开始有所好转。从2月18日开始医院允许他白天回黄色小屋，不过晚上要睡在男性病房。

凡·高每天白天都回黄色小屋，这令他的邻居忧心忡忡，尤其是克里夫林一家，他们与艺术家共用一个楼梯间。他们已经亲历了凡·高在几米开外的地方用剃须刀割耳朵的惨剧。高更日后也曾回忆起"小楼梯"上的鲜血[6]。2月下旬，弗朗斯瓦·克里夫林起草了一份请愿书，并征集了30位当地居民的签名。内容是抱怨这位艺术家"无法完全控制自己的精神状况，他饮酒过度，然后就进入一种亢奋状态，甚至不知道自己在做什么"（无法理解的是，艺术家的名字被写作"Vood"）。[7]签名者包括苏莱［Soulé］（房东的代理）、玛格利特·维尼萨（餐馆老板），甚至还有约瑟夫·吉努。这封请愿书被递交给镇长后，警察局长道尔纳诺便被要求去做调查。由于警察局就在拉马丁广场，他当然已经觉察到有关情况。

道尔纳诺在调查了5位居民后整理出一份报告。克里夫林夫人的证词："我和凡·高先生住在一个楼里，他真的是疯子。这个家伙走进我的店里，惹人讨厌。他辱骂我的客人，还总是骚扰女邻居，会尾随她们回家。"让娜·库仑，住拉马丁24号的裁缝，举报说自己"在克里夫林先生的店门外被这个家伙搂住腰……抱离地面"。苏莱说凡·高"骚扰"女邻居，"她们真的连在自己家都觉得不自在，因为他会跑进她们家。"[8]这份最终的警察报告建议应该把凡·高送进精神病院。[9]

对凡·高的这些指控令他悲痛万分，他被当地人奚落了。他对萨勒抱怨说警察没能阻止"小孩，甚至大人聚集在我家四周，爬上我的窗子（好像我是个什么奇怪的动物）"。[10]这些人可能曾透过黄色小屋底层的窗户向里面窥视。

凡·高又一次受到打击大约是在2月26日。萨勒委婉地告诉提奥："你可怜的哥哥又被送进医院了。"[11]这次他又被锁进隔离室，但是很快就恢复正常住进男性病房。在写完前一封信后三天，萨勒写道："最终决定有人陪他一起回去收拾一些画笔和颜料，这样在医院的时候他可以做些事儿分分神……在我看来，雷医生也同意，把一个并没有伤害他人的人一直关着是很残忍的行为。"[12]接下去的一个月他一直待在医院，没有回黄色小屋，那里被警察封掉了。

3月23日，巴黎画家保罗·西涅克在去往南方的途中应提奥的恳求在阿尔勒停留，他去看望了医院里的凡·高，发现这个荷兰人处于正常状态[13]。雷医生同意两位艺术家可以返回黄色小屋待一会儿，不过他们得强行进入。

此后一个月，凡·高康复了许多，但却不断受到来自房东命他搬离黄色小屋的压力。于是他开始为有朝一日不用再睡在医院时寻找新的住宿。4月中旬，凡·高差点儿就向雷租了一间小公寓［有可能是他在Rampe du Pont（意即大桥的坡道，译者注）的家中的一部分］，但画家在最后时刻打退堂鼓了，他可能是害怕自己很难独立生活。[14]

提奥已经为自己即将到来的婚礼到达荷兰，而凡·高再一次表现出明显的漠不关心。凡·高在信中提及3月末的事，他对弟弟说："我猜想你大概更喜欢结婚时不要任何仪式或者祝贺，而且我早就确定你会尽可能避免这些事。"[15]过了5天，他祝贺新婚夫妇"非常幸福"，但又马上加了句："这种欢庆一日的场合对我而言有时候就像神经抽搐，我通常觉得很难编出一句祝福的话，但这并不能说明我不是热切地希望你获得幸福。"（凡·高说的抽搐很可能就是其字面意思，人们普遍不了解他患有面部抽搐的问题。[16]）

就在婚礼前夕，凡·高写信说自己不清楚婚礼是在阿姆斯特丹（乔父母家）还是布雷达（提奥和凡·高母亲住的地方）。4月18日在阿姆斯特丹的婚礼一结束，凡·高就对提奥的忠诚支持表示感谢，并请他"将这种爱尽可能转移给你的妻子"。[17]这种想法很慷慨，但却揭露他内心的恐惧，担心自己最终成为失败的人。几天后，凡·高又寄出一封情绪激动的威胁信，声称没有提奥的友情，"我将被送回去，不带一丝悔恨地去自杀，无论我是个多么怯懦的人，我将在那儿走向终结。"[18]这种带有恐吓的内容肯定让提奥和乔不太舒服。

在这之后凡·高就把自己所有的努力都用于创作，画了好几幅精彩的春日风景画。这些画中春季的富饶之美，让人难以想象画家创作背后极具挑战的条件。画家在三个月里接连遭受了三次精神打击。睡在人挤人的医院病房，连获准去小镇的另一头添置画材和个人用品的机会也是有限的。尽管困难重重，他还是步行前往阿尔勒郊区的果园。亲眼看到那些在去年曾给予他无限灵感的果树再次开花，他架起了画板。

《开花的桃树》（图114）是他最美的阿尔勒风景画之一。在一封给西涅克的信中，凡·高断断续续提及这幅画："绿色的乡村，小小的农舍，阿尔皮耶山的青蓝色线条，蓝白相间的天空。前景中，苇草的篱笆围起开花的小桃树——一切都小小的，花园、田野……树木，甚至山脉，好像某些日本风景画中那样。"[19]

《开花的果园》（图115）的风格则迥然不同，然而也同样成功。构图受日本版画影响，两棵模样相似的参差不齐的树被大胆地勾画在小镇前。凡·高形容这幅画"几乎全部是绿色的，只有一点点淡紫色和灰色——是雨天"。[20] 圣·特罗菲姆教堂在地平线上十分醒目（右边），市政厅的钟塔在最前面这棵树的枝杈之间也正好可以看得见[21]。

《阿尔勒风景》（图116）是画家站在差不多位置完成的，只是他想象自己站在较高的地方，俯视眼前的风景。整个画面被三株高高的白杨树隔断，框出了影调柔和的田野。果园制造出一种抚慰人心的和谐气氛。背景中的巨大钟塔就是圣·特罗菲姆教堂，右边不远处带尖顶的钟塔是拉玛约尔圣母院。[22]

凡·高也曾偶然画过医院内部，或许是为了取悦他的病友们。至此，他已经在这里住了差不多四个月了。其中一幅画即是他的病房（图108是1889年10月完成的，此时他已经离开阿尔勒去精神病院了）。

《医院的院子》（图117）画的是花园的景色，是画家在4月末站在医院二层拱廊位置画的，此时花儿已经开放。凡·高一定无时无刻不在这条走廊上来来回回地踱步，或者只是凝视这片病房外的风景。他满心喜爱地向妹妹威尔描述这幅画："一座古老的花园，当中有一个池塘和八块花圃，勿忘我、圣诞玫瑰、银莲花、金凤花、桂竹花、雏菊等。在连廊下面，还有橘子树和夹竹桃。所以说这是一幅充满了花朵和春季草木的画。"[23]二楼男子病房门外几个病人正在休息，楼下一个修女正沿着小径走向远处。池塘中的金鱼画得轻松愉悦，画家有机会在此沉浸于自己对互补色的喜爱。[24]

凡·高在阿尔勒的日子所剩不多，因为他终于决定搬去普罗旺

图 114 《开花的桃树》，1889 年 4 月，布面油画，66 cm×82 cm，考陶尔德美术馆，伦敦（F514）

图 115 《开花的果园》，1889 年 4 月，布面油画，50 cm×65 cm，凡·高博物馆，阿姆斯特丹（文森特·凡·高基金会）（F515）

图 116 《阿尔勒风景》, 1889 年 4 月, 布面油画, 72 cm×92 cm, 新绘画陈列馆, 慕尼黑 (F516)

斯圣雷米的精神病院。4月19日，提奥和乔搬进他们在巴黎的新公寓，大约这天前后，凡·高撤离了黄色小屋，把他的家具、画材和其他私人物品搬到了附近的车站咖啡馆。凡·高对提奥敞开心扉，说了些不着边际的话："这些日子很令人伤感，搬家，运送所有的家具，打包我的画，以后会寄给你，但对我来说最伤感的是你给予我的所有一切，你的兄弟情深，在这么多年以来，一直就是你独自支持我，我不得不告诉你这个伤感的故事……"[25]

凡·高把他绝大多数画装进了两个箱子，从前一年的8月就开始准备把它们寄给提奥。一幅幅画作都只是被简单地卷起来，为了减少运输费用。5月1日，他把箱子送到不远的车站，用货运火车发送到巴黎。箱子里有30多幅画，包括向日葵、卧室、椅子、夜景、罗恩河上空的星夜、朋友们的肖像（博赫、玛丽·吉努和鲁兰一家），还有许多幅高更在这里时他完成的作品。他没能卖掉这些画——提奥也没有，他可是巴黎现代艺术数一数二的画商。如今这两个木箱里装过的东西价值超过数十亿美金。

1889年5月8日，萨勒陪同凡·高乘火车去往圣雷米。他们在火车站搭了一辆马车去小镇南面1000米的莫索罗的圣保罗［St Paul de Mausole］精神病院。萨勒向提奥汇报情况："当我向他告别，他热情地感谢了我，想到即将展开一段全新的生活，他看起来似乎多少有些感动。"[26]

第二天，凡·高拿着颜料走进精神病院的花园，因为他被禁止站在围墙外。他开始画《鸢尾花》，这是画家艺术生涯中最生机勃勃的作品之一[27]。一片高挑的鸢尾花，蓝紫色的花朵长在青绿色的花茎上，有一朵白色的花朵傲世独立。凡·高的问题汹涌而至。他的精神状况极不稳定。他被禁闭在遥远的精神病院，远离提奥、朋友和画家伙伴们。其他病人中许多远比他更不正常，他们也势必制造了一种令人极其不悦的氛围。然而人们很难想象还会有比《鸢尾花》更为乐观的作品，充满着南部春天的强烈气味。

图 117　《医院的院子》，1889 年 4 月，布面油画，73 cm×92 cm，奥斯卡·莱因哈特收藏，温特图尔（F519）

凡·高的床

> "肖像画几乎可以算得上是很有用的东西，有时候是令人愉快的，就像人们熟悉的一件件家具，能唤起很长一段时间的回忆。"[1]

凡·高的绘画作品在当今世界是最宝贵的艺术珍宝之一，但是那些装点黄色小屋的朴素之物的命运又如何呢？令我大为惊讶的是我发现他的床，那张出现在他最重要绘画作品系列中的床，居然经历二战得以存留下来。它的归宿在位于距阿尔勒千里之外的地方。这么一件简单的家具的变迁令我们得以生动地洞见凡·高所遭遇的挑战，也更清晰地了解他的遗产。

1888年5月，凡·高租下了不带家具的黄色小屋，所以他的首要任务之一就是找一张床。他在阿尔勒好几个家具店打听能否租借或者赊账，答案都是不可能的。他甚至想过让提奥从巴黎的公寓给他寄一张床来。由于没有床，凡·高只能一直睡在车站咖啡馆。直到8月他要高更来阿尔勒加入自己的圈子时，他才考虑添置一些家具。

"两张床，如果你希望它们够结实耐用的话，就要150法郎一张"，他告诉提奥[2]。300法郎是很大一笔数目，甚至可能比他一生买过的任何东西都要贵——差不多黄色小屋20个月的租金。然而他迫不及待地在9月8日左右出于买下了两张床，距离高更到来还有一个月时间。凡·高的床是实木的，颜色是"新鲜的黄油黄色"。高更的床是胡桃木的（为了让客卧"极尽美好，像女子的闺房，充满艺术气息"）。两张床都是当地生产的双人床，"看起来坚固、耐用、平静，如果它需要多添置一些铺盖，这很糟糕了，但它必须有特色"。[3]

凡·高画下他装饰一新的房间——床被画在醒目的位置（图21）。他给高更写信，描述画中的色彩："床是铬黄色的，枕头和

图21 《卧室》细部，凡·高博物馆，阿姆斯特丹（文森特·凡·高基金会）

床单是灰柠檬绿色，床罩是血红的。"[4]画中出现的一对枕头表明他仍怀有一丝希望最终自己可以与某个女子同床共枕。床尾的设计较为复杂——不过这是当时普罗旺斯家具的一种典型特色。下单购买的当日，他告诉提奥说自己想要画下自己的床。虽然他似乎是说自己想画的就是那张床，不过看起来他更像是指他的卧室。[5]

12月24日的早晨，也正是在这里，高更看到凡·高"躺在他的床上，全身盖着单子，蜷缩着身体"[6]。沾满鲜血的单子一定把床铺的颜色也改变了。在从医院返回的时候，凡·高支付了12.5法郎请人清洗带血污的床铺[7]。

1889年的头几个月对凡·高而言是极其困难的，房东的代理人曾一度试图没收他的家具来逼迫他搬离这里。凡·高最终承认自己无法独自好好生活，并决定搬去圣雷米的精神病院，把家具留在车站咖啡馆。他在黄色小屋最终加起来也只睡了140个夜晚，在割耳事件后，他基本上就住在医院病房了。

凡·高对自己的《卧室》一作很满意，虽然他曾经被迫离开黄色小屋，这幅画却带给他复杂的回忆。1889年4月他写信给提奥："这是最好的画之一，我认为当你看到它，你将更清楚地看到我的画室，现已荡然无存，而曾经是什么样子。"[8]

1889年5月凡·高搬到了位于圣雷米的莫索罗的圣保罗精神病院。两个月后，在觉得自己稳定下来之后，他考虑过把家具运到精神病院，但最终把它们留在了车站咖啡馆的商店里。在圣雷米的一年中，他曾遭受4次精神打击，每一次都让他一蹶不振几天甚至几个礼拜，不过其他的大部分时间里他都在不断工作。直到他最终离开普罗旺斯回到北方前，他才想到要放弃阿尔勒的家具，形容它们是"沉船"的碎片。[9]后来他又改变主意，请约瑟夫和玛丽·吉努帮他寄那两张床和一面镜子，而把剩下的留给他们。

1890年5月，凡·高最后一次搬家，这次他搬到了瓦兹河边的奥维尔［Auvers-sur-Oise］，巴黎北面一个风景如画的小村子，他在AubergeRavoux租下一个房间。约瑟夫·吉努把他的床架拆散，把床垫的填充物抽掉，然后打包成箱用火车运出。收到它们时，凡·高并不急等着使用，所以就一直存放在他住的客栈里。

在奥维尔安顿下来后，凡·高兴致勃勃地投入工作。他创作效率惊人，几乎每日一画。后来在7月27日他再次受到精神打击。他带着一把枪去了村子高处绵延的麦田。正是这片麦田激发了他无数灵感，让他完成了许多最后的作品，正是在这里，他用枪朝自己的腹部射去。在受了重伤后，凡·高跟跟跄跄地回到客栈，努力爬上楼梯回到自己的房间。

第二天早上提奥接到通知，立刻奔向奥维尔，一直守在哥哥的床头，直到1890年7月29日凌晨，凡·高死了。得知这一消息，乔立刻写信给提奥："他还那么年轻，还有许多未竟的事业，他的天赋异禀，他的真知灼见，他的才华横溢——所有这些都消逝了？都被永远埋葬了吗？"提奥为了安慰她，对她说自己的哥哥最终"找到了他一直未能在尘世找到的安宁"。[10]

***

当提奥和乔沉浸在哀痛之时，他们把阿尔勒的床从奥维尔带到了巴黎的公寓，一起带回的还有凡·高最新的画作和其他一些物品。悲剧很快再次到来。提奥感染了梅毒，凡·高死后仅仅两个月，他就重病缠身。在饱受苦楚之后，次年1月提奥死了，年仅33岁。乔在结婚不到两年、生子一年的时间就遭受了丧夫之痛。他们的儿子凡·高·威廉以伯父的名字命名。

乔迫切地想要离开巴黎开始一段新生活。她很快回到荷兰，在阿姆斯特丹外围的一个村庄比瑟姆安顿下来，她在那儿开了一间小旅社养活自己和婴孩。她带着将近1000幅凡·高的油画和素描，一起带来的还有两张阿尔勒的床，后者日后成为她的房客眼中的无价之宝。12年后，乔搬到阿姆斯特丹，后来又搬去东边的拉伦[Laren]村。一直到1925年逝世前她都生活在那里，死后拉伦别墅由儿子凡·高·威廉继承。不管哪一次搬家，凡·高的床都被她一直带着。

1937年，阿尔勒博物馆馆长费尔南·伯努瓦[Fernand Benoit]写信给凡·高·威廉，提议将黄色小屋建成一间博物馆献给凡·高。在凡·高博物馆的档案室我发现了凡·高·威廉未曾发表过的回信："如果您拥有拉马丁广场的那座房子，我可以把出现在卧室画作里的床给您。"[11]他还慷慨地承诺可以随之出借几幅画作。虽然没有论及细节，但是显然这其中应该包括《卧室》和《黄色小屋》（图1）。我在1937年发现这封信后，就决意要探究这张床背后发生的故事。

然而伯努瓦的梦想未曾实现[12]。直到1922年"（黄色小屋里）没有任何变化，至少内部是这样"，雷告知[13]。同年法国艺术史家居斯塔夫·科基奥[Gustave Coquiot]到访阿尔勒，看到门边有个指示牌上面写着"有房出租，已装修"。当时外墙已经是"脏兮兮的黄褐色"。[14]又过了几年，黄色小屋的一楼和隔壁的克里夫林杂货店变成了一家叫阿尔勒麝猫的咖啡馆[Civette Arlésienne]。咖啡馆的老板住在凡·高过去的卧室里，他们才不希望把自己家变成一座博物馆。现存两张拍摄于1933年的房间照片，其中之一上面是老板的妻子站在窗边，窗外仍然可见对面宪兵处的门（图119）。

图118　保罗·西涅克，《黄色小屋和拉马丁广场》，1935年4月，纸本水彩，28 cm×44 cm，私人收藏

　　建立博物馆的想法未能得以实现的另一个原因在于在阿尔勒当地人对凡·高并没有兴趣，纵使他在国际上的名声越来越响。他在当地人的心目中普遍留下一个疯子的形象，许多在拉马丁广场住的居民对他嗤之以鼻，这其中或许就包括几个当初联名请愿把他送去精神病院的老人。1922年黄色小屋的正立面上装上了一块纪念牌，但是他居住的时间被错写为1887—1888年。这也说明阿尔勒对这位旧日居民知之甚少。[15]

　　画家西涅克曾在1889年3月去看望过住院的凡·高，在过了46年之后，他重返这里并画下了拉马丁广场（图118）。画中黄色小屋在右边，而车站咖啡馆（已更名为终点站酒店）在左边远端。

图 119　凡·高的故居卧室，1933 年 4 月，Kardas 拍摄[18]

战争的爆发使得建立博物馆的丝丝希望彻底成为泡影。1944年6月25日，英美轰炸机向阿尔勒发起了首轮袭击，然后是法国维希。35人丧生，数百人受伤，整座小城伤痕累累，几近废墟。拉马丁广场靠近车站和罗恩河上的铁路桥，作为战略要地被彻底摧毁（图120显示了几周后的又一次突袭，此时处于被炸掉的罗恩桥右上方的拉马丁广场几乎被夷为平地）。[16]

原先的杂货店已经彻底被毁，黄色小屋也被严重毁坏。凡·高的卧室已经没了，高更的卧室倒是留下了一些。画室的墙壁和楼下的厨房受损情况稍好，但是天花板也塌了（图121）。黄色小屋本可以重建，但却被草草拆掉了。就连门上的纪念牌也遗失了。凡·高·威廉没有把床和画借给黄色小屋真是万幸。

***

按理来说凡·高·威廉在他的拉伦别墅的墙上应该挂着20来幅伯父最杰出的作品。直到20世纪30年代，安保问题还不太被重视，他的儿子约翰回忆说他们曾"连续好多天没人在家，也没有担心过盗窃"。[17] 但是当战争爆发，荷兰受到轰炸威胁，他们便把大多数画作转移到卡斯特里克姆的沿海沙丘的地下沙堡，只留了几幅在拉伦。不过研究凡·高的专家们并非普遍了解的一个事件是，1941年8月30日拉伦别墅被闪电击中。屋顶着火了。所幸火被迅速扑灭，对整个房子只造成了很小的损失。凡·高的床储藏在地窖中，安然无恙。

2015年在一次聊天时，凡·高·威廉的儿子（提奥的孙子），93岁的约翰告诉

la Maison de Van Gogh
après le Bombardement
du 25 Juin 1944

我有关那张床的命运。当荷兰从德军占领中解放出来后，他的父亲捐出了这张床帮助那些家园被炸的人。在过去大约70年之后，他仍能回忆起在战争后那张床被送到"阿纳姆地区的某个地方"，这是荷兰东部地区，在盟军的炮火中遭受了严重的损失。[19]凡·高一家能够想到帮助他人是十分慷慨的行为，因为他们自己也经受了巨大的苦痛：凡·高·威廉24岁的大儿子特奥多尔是反抗组织成员，就在占领结束前几个月被盖世太保杀害。[20]

我努力往下追踪凡·高的床后来的情况。拉伦村曾为靠近德国边界、阿纳姆南部40千米的一座被毁的小镇博克斯梅尔提供援助。通过红十字会，拉伦人民提供他们自己不用的家具。1945年的一张照片上展示出一辆货车装满家具抵达博克斯梅尔（图122）。[21]收到这张床的博克斯梅尔穷人是不会知道这张床的故事的，也不会知道它原先主人的身份。他们不会了解正是在这张床上无数的经典之作诞生了。就如凡·高曾在黄色小屋写信，"最美的画是当人们躺在自己的床上抽着烟斗时梦想到的"。正是在床上画家常常在脑海中构思他的画作。"大自然最近实在是可爱动人"，凡·高从阿尔勒写信，"绘画出现在我脑海就如出现在梦中"。[22]

战争结束后，凡·高的床已经差不多有60多年的历史，几次迁移加上在地下室的存放，它已经饱经沧桑。新主人完全可能在用了若干年后，在战后的生活开始好转后把它换掉。但是仍然存在一种令人欣喜的可能性，即那张床仍在博克斯梅尔，是凡·高在阿尔勒生活的无言的见证者。

图120　美国轰炸机飞过阿尔勒上空，1944年8月6日[23]

图121　1944年6月25日轰炸后的阿尔勒，明信片，Emilien Barral 拍摄[24]

图122　1945年9月6日，装着家具的卡车从拉伦开到博克斯梅尔，NicoJ. de Graaff 拍摄，抵抗者历史博物馆，阿姆斯特丹

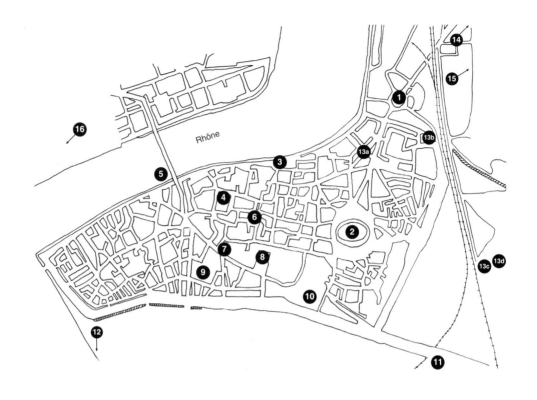

沿着凡·高的足迹

　　沿着阿尔勒的街道漫步，为我们打开一扇奇妙的窗，得以窥见凡·高的生活与创作。在许多他曾工作过的地点，都被人安装了展示板，上面有与之相关画作的图片。要走完全程需要好几天，不过徒步几小时或者一天也可以看尽最精彩的部分——拉马丁广场、古竞技场、凡·高阿尔勒基金会展览中心、论坛广场、老医院（凡·高病房）以及亚力斯坎。1944年阿尔勒的大部分地区都受到轰炸，但是历史中心后来被重建，过去的氛围基本得到维护。带有遮光窗的低层房屋排在狭窄街道的两边，街上很少有车辆往来。弯曲的罗恩河堤岸并不远，在三个面都有古代护城墙的遗迹。阿尔勒的博物馆没有哪家拥有凡·高的作品，不过有时候他的油画和素描会在文森特·凡·高基金会展出。[1]凡·高时期阿尔勒的地图，见图10。

1. 拉马丁广场

从拉马丁广场开始凡·高之旅，黄色小屋就曾坐落此处。直到1944年，小屋都俯瞰着现在的环岛北面一块如今变成小绿地的地方（在图1凡·高的《黄色小屋》中出现的较大的建筑，里面有一间咖啡馆，他在那儿的时候就有）。画中右边的路是凡·高的塔拉斯肯路或蒙马儒尔大道（现在叫斯大林格勒大道），出现在其他两幅画中的铁路桥仍跨越这里[2]。车站咖啡馆也被炸掉了，原先的位置应该是在黄色小屋的左边，面向小河。以凡·高看罗恩河的视角，走向堤岸（《码头边的运沙船》图48，《罗恩河上空的星夜》图69）[3]。拉马丁广场的一个角落里，原先公共花园有极小的一部分保存了下来，这里是护城墙与罗恩河相接的地方。

2. 竞技场

凡·高从较高视角画过一幅古罗马竞技场中的人群（《阿尔勒的竞技场》图92）。在小镇屋顶中的某个钟塔可获得极佳视线。如果向北方望去，可以看到拉马丁广场，在远处是蒙马儒尔以及阿尔皮耶山的轮廓线。东面和南面是出现在凡·高许多风景画中的田野。

3. 雷阿图博物馆

博物馆曾被凡·高形容是"可怕的"，如今它已经焕然一新，展示着内容丰富的艺术作品，从雅克·雷阿图原先的收藏到当代艺术。阿尔勒没有哪家博物馆拥有任何凡·高的艺术作品，不过1983年雷阿图博物馆购买了一封凡·高写给高更的重要信件[4]。

4. 阿尔勒文森特·凡·高基金会

这个以凡·高命名的展览中心展出各种不同的优秀当代艺术作品。外借的凡·高的作品也可以看得到。2014年阿尔勒文森特·凡·高基金会搬到现在的位置，这是一座改造过的15世纪建筑，并在现代得到扩建，入口在方东［Fanton］医生路35号。

5. 丁奎特尔桥

这里在战时已被炸毁并在1951年根据新的设计重建，原来的石造坡道被部分保留。凡·高是站在南面的堤岸上画下《丁奎特尔大桥》（图49）的。现在这里耸立着的高高的树木可能就是他画中的小树苗。凡·高的医生雷，就住在大桥上坡道的安纳托尔·法兰西大街［Anatole France］6号（原来叫Rampedu Pont，意即大桥的坡道）。

6. 论坛广场

凡·高的《夜晚的咖啡馆门廊》（图67）描绘的就是位于论坛广场11号的论坛咖啡馆当时的样子（这里今天也还是一个咖啡馆）。古罗马论坛的两根柱式和部分山墙保留下来，正好嵌在凡·高视线右边的建筑中。论坛广场在凡·高时代是阿尔勒的社交中心（自古罗马时期就如此）——这里如今仍是一个集合了许多咖啡馆、餐厅的热闹地带。虽然常常挤满了游客，这里周边的建筑却呈现了19世纪的阿尔勒和更早年代的风格趣味。

7. 阿拉登博物馆

阿拉登［Arlaten］博物馆是1899年由诗人弗里德里克·米斯特拉尔［Frédéric Mistral］创办，旨在弘扬普罗旺斯文化和民族志。虽然此地是在凡·高离开后十年才开放的，其部分馆藏却引人入胜地呈现了19世纪的阿尔勒生活。最近这里因为大修而闭馆，预期于2018年重新开放。

8. 共和广场

这里是阿尔勒的主广场，广场上有市政厅和圣·特罗菲姆教堂。教堂正立面壮丽的哥特式雕刻中有一些曾被凡·高描述为"如此凶残"。隔着广场，对面的圣安妮教堂在凡·高时代是古物博物馆（后藏品被转移到市中心南部的一所现代建筑）。世俗化后的教堂现在会举办一些临时展览。

9. 凡·高空间

1986年医院关闭后变成一所多媒体资料中心（以图书馆为核心），命名为凡·高空间。中心的花园按照出现在《医院的院子》（图117）中的样子重新种上植物，每当春夏之际，这里仍是一片气氛轻快、色彩缤纷之地。若是走上楼梯到二层的回廊，便可看到画中的景致。

10. 公共花园

今天的公共花园（以前人们称这里是夏季花园）位于利斯大街和罗马剧院之间。某些资料提出凡·高曾经在这里画过他的一些花园景色，但是大概它们都是在拉马丁广场完成的。无论怎样，现在的花园令人了解拉马丁广场当初可能是什么模样。在入口附近竖立了一尊凡·高的纪念胸像，是1969年美国雕塑家威廉·厄尔·辛格［William Earl Singer］的作品。

11. 亚力斯坎

亚力斯坎，古罗马大墓地的一部分，小镇中心外围，东南方向一条静谧的林荫道。这里排列着两排石棺。凡·高和高更曾在此处架起画板，并肩创作（图77-82）。

12. 凡·高桥

曾被凡·高多次描绘的朗格卢瓦桥（图44），战后被不远处更大的一座Réginel Bridge取代。战争中只有原先的一座运河吊桥保留下来，并于1962年将其原先更往南边的位置挪到原朗格卢瓦桥南3000米处重新搭建。现在人们叫它凡·高桥，常常出现在旅游照中。

13. 其他一些阿尔勒的地标

位于阿米得·皮绍街的卡雷尔旅馆（13a），在战时被损毁（它原本就坐落于与雷昂·布鲁姆［Léon Blum］街交接的路口，现在这里是一间医学实验室）。阿尔勒尽端路（13b）也被战火严重损毁，位于东北角的1号现在仍是一片空地。离开镇中心向外围，曾被凡·高画过的一座风车的基座现保存于米雷耶［Mireille］街27号（13c）。[5]格里弗耶农场［Masde Griffeuille］（13d，曾两次出现在凡·高风景画中的农舍，包括图39的干草垛）现在仍耸立在J.F.肯尼迪街3号[6]。

14. 蒙马儒尔

蒙马儒尔的巨大修道院坐落于阿尔勒东北5000米处一座宏伟的山峰上。在它的钟楼上能俯瞰周遭壮阔的全景，许多凡·高作品中的景色至今能在此辨认得出。大约4000米开外有一个叫丰维耶的村庄，莫里尔-彼得森、博赫和麦克奈特就曾生活于此。凡·高多次到访过丰维耶，有一次他曾画下一座风车，后被阿尔方斯·都德永久保存[7]。

15. 圣雷米

离开阿尔勒20千米，离开蒙马儒尔和丰维耶之外的地方有一座充满魅力的集镇叫作普罗旺斯的圣雷米。圣雷米的南郊有一座莫索罗的圣保罗精神病院（离Glanum的古罗马遗址很近）。莫索罗的圣保罗至今仍是一座精神病院，不过其12世纪的回廊以及其中一间类似凡·高住过的老病房以及部分花园是对外开放，可以参观的。阿尔皮耶山北面，周边的乡村曾经数十次出现在凡·高的画作中。在圣雷米镇，凡·高画过两幅米拉波的林荫道[8]。位于一栋18世纪房屋里的Musée Estrine艺术画廊展出的是各种现当代艺术，其中展出的一些作品讲述了凡·高的生平故事。阿尔皮耶山博物馆也是当地著名的博物馆。

16. 圣玛利

风景如画的滨海小村庄海滨圣玛利位于阿尔勒以南40千米，跨过丁奎特尔大桥，穿过卡玛格湿地。村庄因其献给两位玛利亚的朝圣教堂而出名，凡·高的《圣玛利景色》（图31）是在海边完成的，这个位置现在耸立着一个大十字架，靠近斗牛场。《圣玛利的街道》（图35）是在拉普拉日路（现为弗里德里克·米斯特拉尔路）画的，这里现在遍布餐馆。凡·高或许曾在库伦寄宿学校住过，即现在米雷耶广场的三角洲饭店。

年表

1888年

2月20日	凡·高搭乘火车从巴黎来到阿尔勒，入住卡雷尔旅馆（阿米得·皮绍街30号）
3月初	结识丹麦艺术家克里斯汀莫里尔-彼得森（后者于5月22日离开阿尔勒，并于6月6日—8月15日期间在巴黎与提奥生活在一起）
3月9日	初次去蒙马儒尔（阿尔勒东北5千米）
3月11日	两名轻步兵在阿尔勒尽端路被杀
3月24日—4月20日	画开花的果园
3月30日	35岁生日
4月15日	结识美国艺术家道奇·麦克奈特（后者于8月末离开丰维耶/阿尔勒）
4月23日	可能造访丰维耶（阿尔勒东北10千米）
5月1日	租下拉马丁广场2号的黄色小屋，将其用作画室（不过最初不睡在这里）。提奥的31岁生日
5月3日	去丰维耶
5月7日	搬出卡雷尔旅馆，开始睡在车站咖啡馆（拉马丁广场30号）
5月10日	给巴黎的提奥寄去26幅画
5月中下旬	开始了在蒙马儒尔的首轮创作
5月30日—6月4日（也可能是5月31日—6月5日）	去地中海沿岸的海滨圣玛利（阿尔勒以南40千米）

6月初	结识轻步兵保罗-欧仁·米列（后者于11月1日离开阿尔勒）
6月10日	去塔拉斯肯（阿尔勒以北15千米）
6月11—20日	画丰收的场景
约6月15日	结识比利时艺术家欧仁·博赫（后者于9月4日离开阿尔勒）
7月初	开始了在蒙马儒尔的又一轮创作
7月8或9日	去丰维耶
7月22日	高更接受邀请来阿尔勒
7月末	结识邮递员约瑟夫·鲁兰（后者于1889年1月21日离开阿尔勒）
8月初	结识农民佩兴思·艾斯卡里尔
8月12日	给巴黎的提奥寄去36幅画
8月20—26日	画了一组4幅向日葵
9月17日	开始睡在黄色小屋
约9月29日	画《黄色小屋》（图1）
10月16日	在市政厅登记外国人身份
约10月17日	画《卧室》（图21）
10月23日	保罗·高更搭乘火车从布列塔尼的阿旺桥到来
10月底—11月初	与高更一起在亚力斯坎创作

11月底—12月初	为鲁兰一家画肖像
约12月10日	提奥与乔安娜·邦格（乔）在巴黎相遇
12月16或17日	凡·高和高更参观蒙彼利埃的法布尔博物馆（阿尔勒以西70千米）
约12月17日	提奥和乔打算结婚
12月23日	收到提奥的来信告知与乔订婚。当晚凡·高割了自己的耳朵
12月24日	清晨被送进医院（Hôtel-Dieu St. Esprit）
12月25日	圣诞节。提奥去医院探望凡·高，当晚与高更一起离开（次日清晨抵达巴黎）

1889年

1月5日	提奥为宣布订婚一事去往荷兰（乔在12月26日已到）
1月7日	出院
1月9日	提奥和乔在阿姆斯特丹正式订婚（二人于1月13日返回巴黎）
1月21日	约瑟夫·鲁兰离开阿尔勒去了马赛（奥古斯蒂娜·鲁兰在2月初离开阿尔勒去了朗贝斯克）
约2月4日	第二次精神崩溃
2月7-18日	第二次住院
约2月26日	拉马丁广场约30个邻居请愿让凡·高回老家或者送进精神病院
2月26日	第三次精神崩溃并住院
2月27日	收到请愿后警察局长约瑟夫·道尔纳诺签署报告建议把凡·高关进精神病院
3月3日	被镇长送进医院并封锁黄色小屋

3月27日	继续住在医院,但允许在白天出门(直至他在阿尔勒的最后时光)
3月30日	36岁生日。提奥和乔去荷兰准备婚礼
约4月4日	鲁兰从马赛来到阿尔勒并看望凡·高
4月18日	提奥和乔在阿姆斯特丹举办婚礼(3月30日—4月19日期间提奥都在荷兰);回巴黎后搬入CitéPigalle8号
约4月19日	放弃黄色小屋的租赁(从4月底算起)
5月1日	提奥的32岁生日
约5月2日	装满两箱至少30幅画寄给提奥
5月8日	离开阿尔勒去往普罗旺斯的圣雷米的莫索罗的圣保罗精神病院(阿尔勒东北20千米)

注释

前言

1　马丁·贝利："Van Gogh's Portrait of Gaugin"，载《阿波罗》[*Apollo*]，1996，第51-54页，Druickand Zegers，2001，第236页，第240页，第363-364页。

2　信674号（1888.9.4），及702号（1888.10.10-11）。凡·高的原话是"一间南方的工作室"，"南方"一词泛指南法。本书的书名将凡·高的原话稍做调整。普罗旺斯位于南法的东部，始自阿尔勒，直至意大利边境。阿尔勒是19世纪晚期普罗旺斯文化复兴的中心。

3　信674号（1888.9.4）及680号（约1888.9.11）。

4　信678号（1888.9.9-14）。

5　明信片上印着"Arles-Gendarmerieet Avenue Montmajour"，J. Poirey 出版。

6　Pierre Gazanhes 于2015.11.16 写给作者的信，其祖母 Victorine Gazanhes 住在那里。

7　信626号（1888.6.16-20）。

8　在信626号（1888.6.16-20）中，在1888年12月医院登记时（马西彼欧，1946，第232页），甚至在1889年2月邻居反对他的请愿信中，都使用了"风景画家"一词。在他来到阿尔勒之前，他通常都只是称呼自己是艺术家（或画家）。凡·高的阿尔勒作品中差不多有一半都是风景，其余是肖像和静物。

9　论及展览目录，无论如何我都需要感谢英国艺术史家罗纳尔德·皮克万斯[Ronald Pickvance]的先锋之作，正是他策划了在纽约举办的有关凡·高在阿尔勒时期唯一一次全面的展览（皮克万斯，1984）。凡·高与高更短暂的合作期在芝加哥—阿姆斯特丹展（Druickand Zegers，2001）的展览画册和 Martin Gayford 的 *The Yellow House* 一书中（Gayford，2006）都有涉及。Roland Dorn 的德语论文也在此方面做出重要贡献（Dorn，1990）。Bernd Wengler 的 *Vincent van Gogh in Arles: Eine Psychoanalytische Künstler-und Werkinterpretation*，Kassel University，2013，是心理学方面的专业研究。另有两本小册子也提供了有关凡·高的阿尔勒时期的掠影：Uwe Schneede，*Van Goghin Arles: Gemälde1888/1889*，Gutenberg，Frankfurt，1989，Alfred Nemeczek，*Van Goghin Arles*，Prestel，慕尼黑，1995。

10　1939年前到访阿尔勒并组织采访工作的专家主要有尤利乌斯·迈尔-格雷贲[Julius Meier-Graefe]、居斯塔夫·科基奥[Gustave Coquiot]、路易·皮耶拉尔[Louis Piérard]、埃德加·勒鲁瓦[Edgar Leroy]、维克多·杜瓦托[Victor Doiteau]、马克斯·布罗曼[Max Braumann]、本诺·斯托克维斯[Benno Stokvis]和约翰·里瓦尔德[John Rewald]（详见参考文献）。

11　与作者的采访，1988.10.19，卡尔门于1997.8.4逝世。

12　与作者的采访，1987.12.19。该肖像在1989年的展览"凡·高与阿尔勒"中展出（编号41），穆拉尔最终得见此画。

13　信639号（约1888.6.13）。

14　来自那家人的电子邮件，2015.11.2。

15　凡·高在阿尔勒认识的艺术家有克里斯汀·莫里尔-彼得森（丹麦）、道奇·麦克奈特（美国）、欧仁·博赫（比利时）和朱尔·阿尔芒（阿尔勒本地）。保罗·西涅克曾到阿尔勒对他做短暂拜访。凡·高还有可能与阿尔弗雷德·卡西尔（马赛）和约瑟夫·彭内尔（美国）相识。

16　Léon Daudet，*Ecrivainset Artistes*，Capitole，巴黎，1927，vol. i，第154页。

17　参见贝利，2013，第15页。

18　市政档案[Archives Communales]，阿尔勒，文件J26（Maisonsde Tolérance，1871—1891）。特别感谢档案员 Sylvie Rebuttini 给予的帮助。

19　一直以来通过发表在《共和论坛报》[*Le Forum Républicain*]（1888.12.30）上的一篇文章，人们知道这家妓院是"1号"，不过并不清楚到底是指它是官方注册的第一家还是位置在阿尔勒尽端路1号。根据进一步调研获悉，实际上指的是门牌号码。妓院是不允许在街道上宣传自己的，所以它们没有招牌，而只是将门牌号码放大。

20　《米里耶名录》: Indicateurdes Adressesdes Maisionsde Société (ditesde Tolérances) deFrance, Algérieet Tunisiedes Principales VillesdeSuisse, Belgique, Hollande, Italieet Espagne, 米里耶, 巴黎, 1890。涉及阿尔勒的一页曾刊印在Louis Fiaux的Les Maisonsde Tolérances: Leur Fermeture, Carré, 巴黎, 1892, 第353页。

21　阿尔弗雷德·马西彼欧给 Alfred Valette（时任《法兰西水星报》[Mercure de France] 编辑）的信, 1893.4.10（马西彼欧, 1946, 第232页）。马西彼欧的信是回复有关首次在《法兰西水星报》（1893.4, 第324–330页）发表凡·高给埃米尔·贝尔纳的信件的事宜。在一本论凡·高更的书中（梅尔勒[Merlhès], 1989, 第256页）曾经提到过马西彼欧和医疗登记，没有注明出处，但是并没有引用1893年的信。

22　凡·高在1888年3—5月巴黎的独立者沙龙展出了3幅作品（F316, F350, F359）。有迹象表明凡·高有可能于1888年10月在伦敦卖出过一幅自画像（马丁·贝利, "Van Gogh's First Sale",《阿波罗》, 1996.3, 第20–21页）。

23　威尔给提奥的信, 1888.12.23（凡·高博物馆档案室, b2387）, 另见信 719 号（1888.11.11–12）。

序曲: 巴黎

1　信 577 号（1888.2.21）。

2　信 626 号（1888.6.16–20）。

3　信 626 号（1888.6.16–20）。

4　乔·邦格, "Memoirof Vincentvan Gogh", The Complete Letters of Vincentvan Gogh,

Thames & Hudson, 伦敦, 1958, vol. i, p.L。

5　Ella Hendriks 和路易·凡·蒂尔堡: Vincent van Gogh Paintings: Antwerp & Paris 1885—1888, 凡·高博物馆, 阿姆斯特丹, 2011, vol. ii, 第440–447页。另一件被蒂尔堡视作自画像的作品是 F296.

6　凡·高博物馆档案, b4780a。此处的照片是为记录提奥的订婚而拍摄。提奥称其为 Woodbury 照片, 因为它采用的拍摄手段是英国摄影师 Walter Woodbury 研发的。

7　Dorothee Hansen, Emile Bernard: Am Puls der Moderne, Kunsthalle, 不莱梅, 2015, 第19页, 马丁·贝利, The Art Newspaper, 2015.2, 第8页。

8　Marije Vellekoop 编, Van Goghat Work, 凡·高博物馆, 阿姆斯特丹, 2013, 第147页。

9　信 870 号（1890.5.11）, 704 号（1888.10.15）及 710 号（1888.10.22）。

10　Lettres de Vincent van GoghàEmile Bernard, Vollard, 巴黎, 1911, 第12页。另见信692号（1888.10.1）。

第一章　发现阿尔勒

1　信612号（约1888.5.22）。2009年版本的凡·高书信集将 "coquette" 译作 "neat"（Jansen, Luijtenand Bakker, 2009, vol. iv, 第91页）。

2　信 577 号（1888.2.21）。

3　《青铜人报》[L'Homme de Bronze], 1888.2.26。

4　直至1887年前, 这里叫作骑兵路。

5　信604号（1888.5.4）和信686号（1888.9.23–24）。

6　这件《维纳斯》是公元1世纪古罗马的希腊雕塑复制品。它于1651年被挖掘, 凡·高的时代由卢浮宫收藏。他在阿尔勒市政厅大堂见过一件19世纪早期的复制品。凡·高曾评价《维纳斯》是"朝气蓬勃的"（信683号, 1888.9.16及695号, 1888.10.3）。

7　1969年, 复制于Tralbaut, 第220页。旅店位于

阿米得·皮绍街与梅特拉路路口的西北角。二战后梅特拉路被重建，推倒的旅店原址现在毗邻雷昂·布鲁姆路东边。

8　信 578 号（约 1888.2.24）。

9　Charles Villemin 的石版画，着色，"Voyage aérienen France"，由 Hauser 出版，巴黎，约 1850 年。

10　信 588 号（1888.3.21—22）及信 828 号（约 1889.12.13）。

11　信 578 号（约 1888.2.24）及信 583 号（1888.3.9）。

12　阿尔芒的《坐着的阿尔勒女子》，1889 年，现藏于阿尔勒阿拉登博物馆。他画的有一个阿尔勒女子的亚力斯坎景色和蒙马儒尔的夜景都已遗失（《青铜人报》1888.2.12、1888.8.19 及1889.3.10）。

13　科基奥，1923，第 164 页，另见斯托克维斯，1929，第 4 页。

14　信 578 号（约 1888.2.24）。商店位于阿米得·皮绍街 61 号。

15　地图由 L. Thuillier 绘于 Arles et Les Baux，Guides Joanne，Hachette，巴黎，1896，第 2 页之后，16 cm×19 cm。

16　信 601 号（约 1888.4.25）、602 号（1888.5.1）、610 号（约 1888.4.25）。参见科基奥，1923，第 161 页。

17　斯托克维斯，1929，第 4 页。

第二章　鲜花盛开的果园

1　信 592 号（约 1888.4.3）。

2　信 582 号（约 1888.3.2）。F392 是给提奥的，F393 是给威尔的（她在 1888.3.16 返回）。

3　在凡·高1887年的《唐吉老爹肖像》（F363）背景中，他画了一幅1855年的樱花彩色版画，作者是歌川广重。同年凡·高还根据广重1857年画的李子园画了自己的版本（F371）。凡·高对两幅版画的临摹品都得以保存（凡·高博物馆，阿姆斯特丹）。

4　信 594 号（1888.4.9）。

5　信 590 号（约 1888.3.30）。F551 中也出现过同样的树。

6　信 591 号（约 1888.4.1）。毛沃逝世于 1888 年2 月 5 日，年仅 49 岁。

7　威尔给提奥和乔的信，1888.12.23（凡·高博物馆档案室，b2387），另见信719号（1888.11.11—12）。凡·高的母亲安娜赞许他的成就，但是这

封信是其在自残行为后才到达阿尔勒的，参见安娜给提奥的信，1888.12.29（凡·高博物馆档案室，b2425）。

8　莫里尔—彼得森给 Johan Rohde 的信，1888.3.16/1888、6/4（Rohde papers，Tilg.392，皇家图书馆，哥本哈根。莫里尔—彼得森起初不太记得住凡·高的名字，称他为 Van Prut）。另见 Merete Bodelsen，Gauguin and Van Gogh in Copenhagen in 1893，Ordrupgaard，哥本哈根，1984，第29页，及 Håkan Larsson，Flames from the South: On the Introduction of Vincent van Gogh to Sweden，私人出版，埃斯勒夫（瑞典），1996，第9—18页。

9　信 625 号（1888.6.15—16）和 585 号（约 1888.3.16）。莫里尔－彼得森给 Johan Rohde 的信（皇家图书馆，哥本哈根）表明 1887 年有一段时间他住在丰维耶村，后来艺术家道奇·麦克奈特和欧仁·博赫也住进这里。

10　Benni Golf，"Van Goghog Denmark"，Politiken，1938.1.6，由 Håkan Larsson 引用，Flames from the South: On the Introduction of Vincent van Gogh to Sweden before 1900，私人出版，伦（丹麦），1993，第17页。

11　信 585 号（约 1888.3.16）。

12　信 591 号（约 1888.4.1）。

13　信596号（约1888.4.12）。凡·高尤其仰慕马赛艺术家 Adolphe Monticelli（1824—1886）的作品，这也是一位使用厚涂法的画家。

14　信 593 号（1888.4.5）和信 594 号（1888.4.9）。

15　信 594 号（1888.4.9）、595 号（约 1888.4.11）和 615 号（1888.5.28）。

16　这些作品分别是：F394、F399、F403、F404、F405、F406、F513、F551、F552、F553、F554、F555、F556、F557 以及一幅被毁的樱桃花图。

17　信 598 号（1888.4.19）、608 号（1888.5.10）。

第三章　艺术家之屋

1　信 626 号（1888.6.16—20）。

2　信 626 号（1888.6.16—20）、602 号（1888.5.1）。当这幅草图到达巴黎，提奥的室友，荷兰艺术家 Arnold Koning 并没有意识到它的价值所在。他只是随意在画的背面给提奥留了字条："如果你明早 5 点正好醒来了，请叫我一下。"（Vellekoop and Zwikker，2007，第 81 页）。

3　12 月凡·高多租了楼上的两个小房间，租金涨到 21.5 法郎一个月。他的房东是 Aimé Verdier，他的房产经纪是苏莱[Bernard Soulé]。在卡雷尔旅馆他原来要付 150 法郎一个月（很快降到 120，后来又降到 90），不过这个价格可能是包括三餐的。在离开卡雷尔旅馆后，他每个月花 30 法郎在车站咖啡馆租用一间卧室。

4　有关黄色小屋的情况可见信 626、714、724、730、736、739 和 745 号（1888.6.16–1889.2.3），另见信 678 号（1888.9.9–14）。

5　信 607 号（1888.5.10）。

6　本书中的其他三幅画了边界的画作是图 42、61 和 109，还有一幅画了木框（图 95）。

7　杂货店的地址是拉马丁广场 2 号，饭店在 28 号，咖啡馆在 30 号。凡·高曾称《黄色小屋》为"街道"（信 696 号，1888.10.3）。

8　信 602 号（1888.5.1），草图尺寸为 4 cm×5 cm。

9　信 685 号（1888.9.21）。

10　信 604 号（1888.5.4）。

11　信 703 号（1888.10.13）。花园的西区是最吸引人的，1907 年由于在罗恩河附近修建水厂而遭到破坏。

12　信 704 号（1888.10.15）。

13　信 705 号（1888.10.16）。1888 年 9 月，凡·高画了两个版本的《卧室》（F483、F484），画中床的上方位置挂着不同的男女肖像（可能有一幅是自画像，F525、F483 中的画和其他几幅无法确认）。

14　信 705 号（1888.10.16）。

15　Marije Vellekoop 编，*Van Gogh at Work*，凡·高博物馆，阿姆斯特丹，2013，第 251 页。另见 Groom，2016，第 89–91 页，包含数码重现，第 90 页。凡·高原本将房屋的内部描述为"刷白的"（信 602 号，1888.5.1）。他有可能是用灰紫色装饰卧室（或者在白涂料里加了一些紫色）——也有可能灰紫色是他在画中的艺术创作。

16　信 705 号（1888.10.16）。

17　信 741 号（1889.1.22）。他将画挂在黄色小屋内，极可能是挂在卧室里（信 706 号，1888.10.17）。

18　信 705 号（1888.10.16）。

19　信 685 号（1888.9.21），另见信 681 号（1888.9.16）。凡·高有可能是从 Edmond de Gouncourt 那借用了 "maison d'artiste" 这个词，出自 *La Maison d'un artiste*，*Charpentier*，巴黎，1881，其中这位艺术批评家描述了自己的家。

20　附在信 705 号中（1888.10.16）。

第四章　蒙马儒尔高地

1　信 637 号（1888.7.8–9）。

2　信 613 号（1888.5.26）和 639 号（约 1888.7.13）。在凡·高去那的途中可能画过的母题是一个瓦厂（马丁·贝利，Van Gogh and Britain: Pioneer Collectors，苏格兰国家画廊，爱丁堡，2006，第 104 页和第 141 页，注 28）。

3　信 583 号（1888.3.9）。凡·高可能是由莫里尔-彼得森带到那里去的（信 639 号，约 1888.7.13 和 641 号，1888.7.15）。

4　尽管人们通常认为这幅素描展现的是塔拉斯肯路，但有可能实际描绘的是它的辅路，在和尚桥这里分出，并一直延伸到蒙马儒尔。

5　凡·高曾希望能在由 Nederlandsche Etsclub 于阿姆斯特丹举办的展览中展出一些蒙马儒尔的速写，但是主办方后来宣称他们只想要已有成就的艺术家的作品。

6　F1417、F1418、F1419、F1423、F1448、F1452、F1475 和 F1493。

7　信 618 号（1888.5.29–30），另见信 617（1888.5.29–30）。

8　信 636 号（1888.7.5），另见信 615（1888.5.28）画的是蒙马儒尔的日落。

9　路易·凡·蒂尔堡，Teio Meedendorp 和 Odavan Maanen，" 'Sunset at Montmajour': A newly discovered painting by Vincent van Gogh"，The Burlington Magazine，2013.10，第 696–705 页。

10　F1446、F1447、F1420、F1424 及一幅不在 delaFaille 收录内的素描（Tree, Montmajour, 美术博物馆，图尔奈）。他还画了另一幅画（F466）。

11　明信片上印着（反面）"Montmajour (Bouches du Rhône), L'Abbaye fondée au Vies."，由巴黎 Yvon 发行。

12　信 638 号（1888.7.9–10）。

13　这幅没有注明时间的画作在 1889 年 5 月的巴黎沙龙中展出过（No.498）。

14　信 641 号（1888.7.15）。

15　信 639 号（约 1888.7.13）。这个巴黎画商是 Georges Thomas。

16　信 660 号（约 1888.8.13）和信 626 号（1888.6.16–20）。

17 马丁·贝利，"*Could this masterpiece still be found?*"，The Art Newspaper，2009.9，第6页。

第五章 海景画

1 信 619 号（1888.6.3-4）。

2 信615号（1888.5.28）。凡·高早在6年前生活在海牙时就画过海景画，这里毗邻Scheveningen渔村，不过那些作品是以他的荷兰时期风格完成的，色调昏暗。

3 关于凡·高到访的时间，有关专家进行了热烈的讨论，不过大概时间是 1888 年 5 月 30 日或 31 日到 6 月 4 日或 5 日（见信 617 号，1888.5.30-31，有关时间的注释）。

4 信617号（1888.5.29-30）和信619号（1888.6.3-4）。

5 信 619 号（1888.6.3-4）。凡·高曾于 1886 年在巴黎画过一幅死马鲛鱼的静物（F285）。

6 明信片上印着"Les Saintes-Maries-de-laMer: Le Villageetl'Eglise"，Blanchin发行，塔拉斯孔。

7 Kathrin Pliz，"Enpleinairorinthestudio?"，Marije Vellekoop等人（编），*Van Gogh's Studio Practice*，凡·高博物馆，阿姆斯特丹，2013，第100-101页。凡·高还画了另一幅海景（F417）。

8 信 643（1888.7.17-20）。

9 F1432、F1434、F1436、F1437、F1438、F1439、F1440、F1479。

10 信 622 号（约 1888.6.7）。

11 信620号（约1888.6.5）和686号（1888.9.23-24）。

12 F413（油画）和F1429（水彩）。

13 信 622 号（1888.6.7）。

14 信 613 号（1888.5.26）、620 号（约 1888.6.5）。在 7 月初，他有意返回卡玛格，但是和一个当地老兵约好的搭车未能成行。

第六章 收获时节

1 信 628 号（约 1888.6.19）。

2 信 635 号（约 1888.7.1）。水彩画指的是 F1484 和 F1483（有题字的）。

3 可能是MoulindeJonquet（或Souchon），留存下来位于米雷耶街27号。凡·高画过它

（F550）。见Schröder, 2008, 第296页，及Teio Meedendorp，"*Van Gogh's Topography*"，斯坦德林和凡·蒂尔堡，2012，第106页。

4 信 624 号（1888.6.12-13）。有关凡·高的收获景象的背景，见Dorothy Kosinski，*Van Gogh's Sheaves of Wheat*，达拉斯艺术博物馆，2006。

5 信 635 号（约 1888.7.1）和 625 号（1888.6.15-16）。

6 给贝尔纳的一幅是 F1485。这一部分是出于他更远大的计划，即为他那些成功的阿尔勒画作制作小型素描摹本。在 1888 年 7、8 月，他画了 15 幅画的素描摹本给贝尔纳，12 幅给劳塞尔，5 幅给提奥（Ives 等人，2005，第 266-277 页）。

7 信 643 号（1888.7.17-20）。2009 年版本的书信集将其译为"普罗旺斯速写"。

8 信 627 号（约 1888.6.17）。

9 Ricciotto Canudo，"Une visite à Rodin"，*La Revue Hebdomadaire*，1913.4.5。

10 信 628 号（约 1888.6.19）。

11 信 628 号（约 1888.6.19）。

12 米勒，《播种者》，1850 年（波士顿美术馆）。凡·高拥有一件1873年Paul Lerat根据该作品创作的版画，见信634号（约1888.6.28）。

13 信 627 号（约 1888.6.17）。

14 信 627 号（约 1888.6.17）和 629 号（1888.6.21）。

15 F411、F412、F425、F465、F545、F558、F561 和 F564。

16 *A Handbook for Travellers in France*，Murray，伦敦，1890，vol.ii，第160页。

17 信633号（1888.6.27）、信627号（约1888.6.17）和信628号（约1888.6.19）。

18 信 627 号（约 1888.6.17）。速写的尺寸为 10 cm×14 cm。

第七章 罗恩河与其运河

1 信 587 号（1888.3.18）。

2 信 595 号（约 1888.4.11）、597 号（约 1888.4.13）、600 号（1888.4.20）和 620 号（约 1888.6.5）。在《共和论坛报》中（1888.10.28）也曾被写作"Pontdes Anglais"，马西彼欧也曾写作"Pont de L'Anglais"，1946，第231页（1893年信件）。

3 马西彼欧，1946，第 231 页。马西彼欧在 1893 年写到"当我在阿尔勒的郊区散步时，有时会遇见他"。

4　信 585 号（约 1888.3.16）。凡·高在北岸作画，从桥西面向桥东（火车正驶向镇子）。

5　F400、F570、F571 和 F544（残损）。凡·高还有一些画航道的作品，Vigueirat 运河上的 Gleize 桥（F396）和拉马丁广场附近的 Roubine du Roi（F427）。

6　信 587 号（1888.3.18）和信 589 号（约 1888.3.25）。

7　索斯比，纽约，2013.5.7，标号 59（F544）。

8　明信片上印着 "Arles-Le Canal"，B.F. 发行，Chalon-sur-Saône。

9　刊发在 Harriet Preston，"A Provençal Pilgrimage"，The Century Magazine，1890.7，第 333 页，约瑟夫·彭内尔和伊丽莎白·彭内尔，Play in Provence，Unwin，伦敦，1892，第 15 页。

10　彭内尔在过了近 40 年后评论说 "当我在阿尔勒时，凡·高也在那儿"，然后他加了一段对艺术家的评论。他并没有指出他们是否相遇，不过过了这么长时间他大概也记不得了。见约瑟夫·彭内尔，The Adventure of an Illustrator，Little Brown，波士顿，1925，第 204 页。凡·高的素描上写着 "Bords du Rhône"。

11　信 652 号（1888.7.31）。

12　信 660 号（约 1888.8.13）。其他的罗恩河景色出现在 1888 年 8 月的两幅画中（F437、F438）。

13　信 703 号（1888.10.13）。

14　里瓦尔德，1978，第 197 页. Teio Meedendorp 提到过这棵树的存活，斯坦德林和凡·蒂尔堡，2013，第 106 页。凡·高也画过丁奎特尔桥从码头往北的样子（F426），其中支柱被画成纵向的。

第八章　友人肖像

1　信 700 号（1888.10.9-10）。

2　凡·高只为提奥作了一幅画（图 5），但其他兄弟姐妹都没有，还根据照片画过一幅母亲肖像（图 56），父亲也没有，为高更画了一幅未竟的油彩速写（图 97），贝尔纳也没有。

3　荷兰语是 tronie。

4　信 555 号（约 1886.1.28）。有关凡·高的肖像画背景介绍，见 Roland Dorn 等人，Van Gogh Face to Face: The Portraits，底特律艺术学院，2000。

5　信 650 号（1888.7.29）。皮埃尔·洛蒂，Madame Chrysanthéme，Lévy，巴黎，1888，第 82 页（另

6　信 649 号（1888.7.29）。

7　Moulin de Jonquet（或 Souchon）磨坊曾被凡·高画过（F550）。关于未确认的传说即 "日本女孩" 是磨坊主的女儿，见 Van Gogh et Arles，1989，第 9 页和第 62 页。也有可能这个女孩也是 F426 一画前景中那个飘逸的女孩。其他两幅彼得森画的 "日本女孩" 被 Rasmussen 售出，哥本哈根，1988.8.19，标号 328 及 1989.11.28，标号 701。

8　信 663 号（1888.8.18）。"拿锄头的男人" 一词出自凡·高所欣赏的一幅让 - 弗朗索瓦·米勒画的农夫。时间大概在 1860-1862 年之间，现藏于洛杉矶的盖蒂博物馆。

9　另一幅艾斯卡里约的肖像背景是橙色的（F444）。

10　麦克奈特写给博赫的信，1888.4.19（比利时当代艺术档案，布鲁塞尔，Jean Bouquelle 文献）。另见马丁·贝利，"A Friend of Van Gogh: Dodge Macknight and the Post-Impressionists"，《阿波罗》，2007.7，第 28-34 页。麦克奈特和凡·高在 4 月 15 日相见。

11　信 637 号（1888.7.8-9）。

12　信 673 号（1888.9.3）。

13　信 673 号（1888.9.3）。

14　信 673 号（1888.9.3），另见信 676 号（1888.9.8）。

15　博赫给乔·邦格的信，1891.7.22（凡·高博物馆档案，b1184）。

16　由博赫的侄孙 Ben Solms 提供。

17　凡·高还认识一个身份未确认的士兵，并在 6 月为他画过两次肖像（F423、F424）。

18　信 686 号（1888.9.23-24）。

19　信 687 号（1888.9.25）。

20　信 687 号（1888.9.25）。

21　原书未见此注。博赫的家庭照由约翰·里瓦尔德获得。

22　Pierre Weiller，"Nous avons retrouvé le Zouave de Van Gogh"，Les Lettres Françaises，1955.3.24（访谈后 20 年发表）。

23　信 699 号（1888.10.8）。

24　受到凡·高母亲肖像的启发，高更也根据一张 1840 年代的照片给自己已过世的母亲 Aline（逝于 1867 年，42 岁）画了一幅肖像。高更之作的时间仍未能确定，但它是在 1888 至 1893 年间完成的，是在凡·高之后（Georges Wildenstein，Gaugin，Beaux-Arts，巴黎，1964，第 148 页）。

25　凡·高博物馆档案，b4767。

第九章　花

1　信 666 号（1888.8.21-22）。

2　信 657 号（1888.8.8）。

3　信 609 号（1888.5.12）。

4　信 653 号（1888.7.31）。这是指同一时间在同一
　　花园画的相似之作（F429）。

5　其他的花卉静物还有 F592、F593、F594（二战
　　中遗失）。凡·高可能还画过一幅天竺葵的静
　　物，已遗失（马西彼欧，1946，第232页，另见信
　　836 号，1890.1.4）。

6　同一个花瓶出现在 F593、F592、F594 中，均属
　　于 1888 年 8 月。

7　特别感谢 Babara Buckley，费城巴恩斯基金会
　　首席管理员。

8　有关《向日葵》的详述，见贝利，2013.

9　在 1993 年的版本中对信件的断代表明《向日葵》
　　创作于 8 月 18-27 日之间（Hanvan Crimpen
　　和 Monique Berends-Albert，De Brievenvan
　　Vincent van Gogh，SDU，海牙，1990，vol.iii，
　　第 1661-1668 页）。2006 年的修订版改为 8 月
　　20-26 日之间（信 665 号，1888.8.21，至信 670 号，
　　约 1888.8.26）。

10　信 666 号（1888.8.21-22）和 665，1888. 8.21。

11　贝利，2013，第52-55页，第134-136页，第179-
　　182页。

12　贝利，2013，第54-56页，第139，第182-185页
　　（另见信665，约1888.8.21）。

13　贝利，2013，第56-57页，第138-139页，第145-
　　155页。

14　贝利，2013，第17-21页，第57页，第139-140
　　页，第157-165页。

15　*Further Letters of Vincent van Gogh to his
　　Brother 1886—1889*，康斯坦堡，伦敦，1929，
　　第283页。在信741号（1889.1.22）中凡·高的回
　　应被翻译得较为平淡无奇——"但是我有向日
　　葵"。1888年12月至1889年1月期间，凡·高临摹
　　了一幅《十四朵向日葵》（F455）和两幅《十五
　　朵向日葵》（F467和F458）。

第十章　夜的色彩

1　信 676 号（1888.9.8）。

2　信 656 号（1888.8.6）。有关凡·高夜景画的背景，
　　见 Sjraarvan Heugten 等人，*Van Gogh and the
　　Colours of the Night*，现代艺术博物馆，纽约，
　　2008。

3　信 676 号（1888.9.8）。

4　信 684 号（1888.9.19-25）和信 677 号（1888.9.9）。

5　咖啡馆坐落于论坛广场 11 号，在 1900 年代初
　　被叫作论坛和批发商大咖啡馆，换了新的雨篷。

6　这两家咖啡馆 Grand Café du Forum（G.
　　Lacour经营）和 Grand Café Brusque 是阿
　　尔勒数一数二的咖啡馆，曾被《马赛指南》
　　（*L'Indicateur Marseillais*）报道，1888，第
　　1744页。

7　彼得森写给罗德的信，1887.6.23 及 1888.1.10
　　（罗德档案，Tilg，393，皇家图书馆，哥本哈根）。

8　信 693 号（1888.10.2）。

9　信 678 号（1888.7.9-14）。

10　信 678 号（1888.7.9-14）。

11　《青铜人报》（1888.9.30）中提及的这幅画十
　　分有可能是《罗恩河上空的星夜》，该作是他在
　　9 月 28 日左右在拉马丁广场完成的（而不是《夜
　　间的咖啡馆门廊》，图 67，9 月 8-13 日左右创
　　作于论坛广场）。另见 Dorn，1990，第 85 页
　　和第 266 页；Druick 和 Zegers，2001，第 172
　　页和第 385 页，注 40；及 Jirat-Waiutynski，
　　2002，第 80-81 页。

12　五个月前，已知唯一一提到凡·高的发表文字
　　是论及他在巴黎独立沙龙上画作的两句话
　　（GustaveKahn，*La Revue Indépendante*，
　　1888.4，第 163 页）。

13　这一点是由科基奥提出的，1923，第 180 页。

14　戈雅，《画架前的自画像》，1792—1795，圣贵
　　尔南多皇家艺术学院，马德里。

15　明信片上印着："Arles: Place du Forum"，发行
　　方不明。

16　信691号（约1888.9.29）。我将terrains译为
　　"ground"（不同于2009年版书信集中的
　　"field"）。

17　信 638 号（1888.7.9-10）。《星夜》是 F612。

18　信 714 号（1888.10.27-28）。

第十一章　高更的到来

1　信 712 号（约 1888.10.25）。

2　信 602 号（1888.5.1）。

3　提奥给乔的信，1889.2.14（Jasen and Robert，1999，第160页）。

4　信697号（1888.10.4-5）。

5　皮埃尔·洛蒂，《菊花夫人》，Lévy，巴黎，1888，第126页（Felician Myrbach 插图）。

6　贝尔纳的作品是 Self-portrait with Portrait of Gaugin，1888.9，凡·高博物馆，阿姆斯特丹。

7　信697号（1888.10.4-5）。

8　信688号（约1888.9.26）和706号（1888.10.17）。

9　信690号（1888.9.27-10.1）。

10　信680号（约1888.9.11）和686号（1888.9.23-24）。

11　信686号（1888.9.23-24）。

12　高更，1923，第14页。

13　高更，1923，第15页。

14　女佣自1888年7月开始工作，一周两次，收1法郎。她年纪有些大，有好几个孩子，丈夫在火车站工作，所以认识鲁兰。1888年12月前，她都工作超时，每周收5法郎。

15　高更，1923，第17页。

16　雷洛科基奥的信，1922.3.17（凡·高博物馆档案，b3282），另见布罗曼，1928，第453页。

17　高更，1923，第17页。

18　信718号（1888.11.10）。

19　凡·高博物馆档案，b1994。

20　高更，1923，第14-15页。

21　F494和F573。

22　阿尔勒农舍是W315，黑人女子遗失。

23　信715号（约1888.10.29）。

第十二章　伊甸园般的田野

1　信717号（约1888.11.3）。

2　有关若泽·贝隆的画，参见《共和论坛报》，1888.9.9和9.30。由V.Lamblot创作的圣·阿格斯礼拜堂的水彩画于同一个展出于阿尔勒画商Manson的画廊（《青铜人报》，1888.9.23）。阿尔芒在较早时也曾创作过一幅画，画着一位阿尔勒女子在亚力斯坎（《青铜人报》，1888.2.12）。

3　信710号（1888.10.22）和687号（1888.9.25）。

4　索斯比拍卖行，纽约，2015.5.5，标号18。

5　信716号（1888.11.1-2）。

6　信717号（约1888.11.3）。

7　明信片上印着"Arles-Arlésiennesaux Alyscamps，

Alléedes Tombeaux"，由ND发行。

8　翻印在 Harriet Preston，"A Provençal Pilgrimage"，The Century Magazine，1897.7，第337页及约瑟夫·彭内尔和伊丽莎白·彭内尔，Playin Provence，Unwin，伦敦，1892，第29页。

9　高更给提奥的信，约1888.11.22（梅尔勒，1984，第288页）。

10　凡·高的亚力斯坎画作中有三幅（图78-80），高更的有一幅（图82）是画在黄麻布上的。见Druick和Zegers，2001，第354-369页（在这一问题的先驱研究中，第174-175页上的说明文字认为F568是画在帆布上的（其实是在黄麻布上），在第362上为F569提供的亚力斯坎的景色图片也是错误的）。

第十三章　"好姑娘街"

1　信716号（1888.11.1-2）。

2　The Complete Letters of Vincent van Gogh，Thames & Husdon，伦敦，1958，vol.iii，第42页。2009年版本的书信集在翻译时采用了更平淡的说法——"好心的小姑娘街"（信683号，1888.9.18；另见698号，1888.10.5）。

3　市政档案，阿尔勒，档案号J26（Maisons de tolérance，1871-1891）。女修道院的钟塔是凡·高的《运河边的洗衣妇》（F427）中的突出景色，画中太阳正从阿尔勒尽端路背后升起。

4　信683号（1888.9.18）。

5　见《青铜人报》（1888.3.18及25）、《共和论坛报》（1888.3.18）、《小南方人报》[Le Petit Méridional]（1888.3.13）和《不安协报》（1888.3.15、16及19）的相关报道。

6　信585号（约1888.3.16）。

7　见《共和论坛报》（1888.4.22，1888.12.2和9，1889.4.21）、《南方之星报》[L' Etoiledu Midi]（1888.12.2，1889.4.21）《青铜人报》（1888.12.2）的相关报道。

8　《米里耶名录》：Indicateur des Adresses des Maisonsde Société（dites de Tolérnces）deFrance，Algéreet Tunisieetdes Principales Villesde Suisse，Belgique，Hollande，ItalieetEspagne，米里耶，巴黎，1890年，表格在Louis Fiaux的Les Maisonsde Tolérance：Leur Fermeture中翻印过，Carré，巴黎，1892，第353页。

9 信 599 号（1888.4.19）。在场的 50 个男人表示拉客的地方更像是一个酒吧而不是注册的妓院，所以地方要小得多。

10 信 632 号（1888.6.26）和 699 号（1888.10.8），另见 659 号（约 1888.8.12），信中他提出费用是 2 法郎。

11 信 630 号（1888.6.23）。

12 信 698 号（约 1888.10.5）。

13 信 637 号（1888.7.8—9）。

14 信 718 号（1888.11.10）。

15 在 1886—1887 的巴黎冬天，凡·高曾画过一幅素描，清晰地描绘男女性交，他可能是在妓院观察这个场面的。这幅素描从未展出过，在 delaFaille 和 Hulsker 目录中均未收录，但是却收录在 Marije Vellekoop 和 Sjraarvan Heugten 的 *Vincent van Gogh Drawings: Antwerp & Paris*，凡·高博物馆，阿姆斯特丹，2001，vol. iii，第 177—178 页。

16 高更，1923，第 220 页。Gayford 将法尔斯当作是高更去的妓院的老板（Gayford，2006，第 86—87 页，第 237—238 页和第 334 页，及 "*Gauguinanda Brothel in Arles*"，《阿波罗》，2006.3，第 64—71 页）。在 1888 年的选民登记时，法尔斯委婉地将自己的职业填写为 Loueurengarnie（意为"带装修住处的房东"）（市政档案，阿尔勒，K38）。

17 高更，1923，第 220 页。

第十四章　合作

1 信 719 号（1888.11.11—12）。

2 信 717 号（约 1888.11.3）。他后来宣称自己只花了 45 分钟就画好了（信 741 号，1889.1.22）。

3 科基奥，1923，第 187—188 页。

4 1888 年 12 月或 1889 年年初，凡·高为吉努夫人创作了又一幅《阿尔勒女子》，把伞和手套换成了 3 本书（F488）。

5 尤利乌斯·迈尔-格雷费，"*Erinnerungan Van Gogh*"，Berliner Tagblatt，1914.6.23。

6 信 716 号（1888.11.1—2）。

7 高更给提奥的信，1888.11.22（梅尔勒，1984，第 288 页）。高更后来将他的玛丽·吉努速写送给凡·高，后者在 1890 年年初以其为基础画了一套 5 幅作品（F540、F541、F542、F543，还有一幅遗失）。

8 信 717 号（约 1888.11.3）。凡·高之前在 10 月第一周收获时节曾画过一幅《绿色的果园》（F475）。

9 高更给贝尔纳的信，1888 年 11 月第二周（梅尔勒，1984，第 275 页）。两位画家在 1888 年 11 月处理的另一个母题，大约受到黄色小屋对面的公共花园的启发，出现在凡·高的 *Reminiscence of the Garden of Etten*（F496）和高更的 *Arlésiennes（Mistral）*（W329）中。

10 信 722 号（约 1888.11.21）。

11 W308，高更曾寄给凡·高一张该画的草图（信 688 号，约 1888.9.26）。

12 信 722 号（约 1888.11.21）。

13 两幅画可能都是在 1888 年 11 月画的，也有可能是 12 月初。

14 信 594 号（1888.4.9）。

15 René Garagnon，"*Odeon, Van Gogh et Les Folies Arlésiennes*"，Bulletindes Amis du Vieil Arles，1995.9，第 14—18 页。该歌舞厅在凡·高的时代位于维克多·雨果大街 4 号。

16 信 721 号（约 1888.11.19）。

17 马丁·贝利，"*Van Gogh's Portrait of Gauguin*"，《阿波罗》，1996.7，第 51—54 页，Druickand Zegers，2001，第 236 页，第 240 页，第 363—364 页。

18 W326。

19 拉瓦尔的 1888 年 10 月的自画像现藏于凡·高博物馆。高更也曾画过一幅自画像（W291），该作品极有可能是在巴黎完成的，不过也有可能是 1888—1889 年期间在别的地方完成。虽然原本高更是为拉瓦尔所画，但两人后来闹翻，这幅画也就送给了另一位艺术家朋友 EugèneCarrière。

20 明信片上印着 "Arles: Les Arènes, Coursede Taureaux"，由 Selecta 发行。

21 刊印在约瑟夫·彭内尔和伊丽莎白·彭内尔的 *Playin Provence*，Unwin，伦敦，1892，卷首插图。

22 F499.

23 信 736 号（1889.1.17）和 677 号（1888.9.9）。

24 特别感谢 AshokRoy，伦敦英国国立美术馆科学部原主任，正是经他确认，这只烟斗很可能是在凡·高完成画作主体后几周加上去的。

25 信 722 号（约 1888.11.21）。

第十五章　邮递员鲁兰

1　信 732 号（1889.1.7）。

2　信 652 号（1888.7.31）。当时鲁兰居住在科尔德山路［Rue Montagne des Cordes］10 号。

3　信 652 号（1888.7.31）。有关 1902 年的鲁兰照片，见 Tralbaut，第 229 页。

4　信 723 号（约 1888.12.1）。5 幅肖像大概是：Joseph（F434）、奥古斯蒂娜（F503）、玛塞勒和奥古斯蒂娜（F491）、卡米耶（F665）和阿尔芒（F492 或 F493）。

5　凡·高还创作了另外 4 幅约瑟夫的半胸像：F433（1888.7-8）、F435、F436 和 F439（可能是 1889.1-2）。

6　W319。

7　信 292 号（1882.12.10）和 656 号（1888.8.6）。

8　虽然凡·高在信中说阿尔芒 16 岁，他其实是 17 岁。阿尔芒后来成了一名突尼斯警官。

9　关于 5 个版本的《摇篮曲》哪一幅是第一幅一直相有争议。2009 年版本的书信集（信 739 号，1889.1.21）表示是 F508（图 104），但是有些专家认为应该是 F504（Eliza Rathbone 等人，Van Gogh Repetitions，Phillips Collection，华盛顿，2013，第 119-139 页）。

10　分别是：约瑟夫（F432、F433、F434、F435、F436、F439）、奥古斯蒂娜（F503、F504、F505、F506、F507、F508）、阿尔芒（F492、F493，可能还有 F536）、卡米耶（F537、F538、F665）、玛塞勒（F440、F441、F441a）及奥古斯蒂娜和玛塞勒（F490、F491）。

11　Rebecca Rabinow 编，Cézanne to Picasso: Ambroise Vollard, Patron of the Avant-Garde，大都会美术馆，纽约，2006，第 376 页和第 379 页。沃拉尔记录表明有些画作是通过一个代理 Henri Laget，此人生活在阿尔勒，后来搬到马赛。玛塞勒曾说过自己的父亲在 1895 年用 450 法郎卖给沃拉尔 6 幅画（玛塞勒·鲁兰给凡·高的信，1959.2.23，凡·高博物馆档案，b7015）。

12　Jean-Noël Priou 的文章，发表在 Revue des PTT de France，1955.5-6，第 26-32 页；Art Spectacles，1955.8.31，第 6 页；Journal de L'Amateur d'Art，1978.7，第 9 页；Références de la Poste，1887 年秋，第 57-56 页；Relais: Revue des Amis du Musée de la Poste，2006.3，第 32-35 页，2006.6，第 33-35 页。

第十六章　丧失心智

1　信 739 号（1889.1.21）。

2　高更，1923，第 20 页。高更的描述曾在 1903 年被写下来，他似乎歪曲了一些事实来让自己得以解脱。

3　高更给提奥的信，约 1888.12.11（梅尔勒，1984，第 301 页）。

4　蒙彼利埃之旅是在 12 月 16 日或 17 日。见信 726 号（1888.12.17-18）及高更给提奥的信，1888.12.17-18（梅尔勒，1984，第 301-302 页）。

5　高更给舒芬奈克的信，1888.12.22（梅尔勒，1989，第 238 页）。

6　提奥写于大约 1888.12.22 日的信未能保存下来，但是在信 736 号（1889.1.17）提到过钱已经收到。

7　这个人是 Johann Eduard Stumpff。

8　凡·高不太可能在 12 月 23 日前得知订婚的事情。提奥显然认为征询母亲的同意是首要的。假如凡·高在 12 月 22 日就已经得知这一重要消息，他也许会在第二天傍晚之前给提奥写回信，但并没有这样一封信。高更在 12 月 22 日晚上给舒芬奈克写的长信里也未曾提及过订婚这回事（梅尔勒，1984，第 301-302 页）。

9　提奥给 Lies，1888.12.24（凡·高博物馆档案，b918）。

10　凡·高也不太可能是在 12 月 23 日之后得知订婚一事。如果说提奥的来信是在 12 月 24 日抵达黄色小屋，并被立刻送到医院转交给凡·高，这也是不合理的，因为后者当时正严重虚弱，神志不清。凡·高肯定是在 12 月 23 日收到提奥的来信的（凡·高在信 736 号，1889.1.17 中也是这样说的）。如果这封信并没有提到那件爱情之事，凡·高日后可能也会感到焦虑，因为自己是最后一个被通知到的主要家庭成员（如果提奥完全不写信，那会比他写信但不提订婚的事更敏感）。所以基本上可以确定提奥的信是 12 月 23 日收到的，而且确实带来了订婚的消息。

11　提奥给乔的信，1889.1.1（Jansen 和 Robert，1999，第 76 页）。

12　凡·高，"Some Additional Notes to the Memoir of Vincent van Gogh"，The Complete Letters of Vincent van Gogh，Thames & Hudson，伦敦，1958，vol.i，第 lviii 页。

13　凡·高博物馆档案，b4822。

14　《不妥协报》，1888.12.23。见 René Huyghe，

Le Carnet de Paul Gauguin, Quatre Chemins, 巴黎, 1952, 副本, 第220页。

15　高更, 1923, 第20页（这一叙述早前曾发表于 Charles Morice, *"Paul Gauguin"*, 《法兰西水星报》, 1903.10, 第130页）。

16　有些资料认为凡·高割掉了整个耳朵：马西彼欧, 1946, 第232页; Gauguin, 1923, 第21页; Bernard, 基于高更的描述, 在一封贝尔纳给Albert Aurier的信中, 1889.1.1（Neil Mc William, *Emile Bernard: Les Lettresd' un Artiste*, Réel, 第戎, 2012, 第87页, 书中这封信的时间是1889.1.1）; 雷（杜瓦托和勒鲁瓦, 1936, 第9页和第15页）和警员罗伯特（罗伯特给杜瓦托/勒鲁瓦的信, 1929.9.11, 杜瓦托和勒鲁瓦, 1936, 第6页）。其他一些资料则认为其实只是一部分耳朵：西涅克（科基奥, 1923, 第194页）, 最重要的是邦格（乔·邦格, *"Memoir of Vincent van Gogh"*, The Complete Letters of Vincent van Gogh, Thames & Hudson, 伦敦, 1958, vol.i, 第xlvi页）然而许多研究者在分辨到底是一只耳朵还是部分耳朵时并没有合理的缘由。从生理学的角度, 想要割掉耳朵很难不用另一只手拽着, 如果只用一只手去割一下, 可能只能割下来外耳廓的部分。

17　马西彼欧, 1946, 第232页。然而, 如果割耳只发生在外耳廓, 其结果可能就只是相对轻度损伤听力。在凡·高后来的信件中并没有提起任何听力的问题。

18　《共和论坛报》, 1888.12.30。毕加索显然一直保存着《共和论坛报》上一篇文章的复印件, 他在1957年收到, 放在床头柜上（Les Picasso d' Arles, 雷阿图博物馆, 2013, 第72页）。他的这份复印件现藏于巴黎的毕加索博物馆（RMN149952）。

19　阿尔方斯·罗伯特给维克多·杜瓦托/埃德加·勒鲁瓦的信, 1929.9.11（杜瓦托和勒鲁瓦, 1936, 第6）页。后来有一位作家Pierre Lepronhon宣称瑞秋/加比死于1952年, 终年80岁, 这说明1888年时她16岁, 对一个备案妓女来说十分年轻（见Lepronhon, *Telfut Van Gogh*, Sud, 巴黎, 1964, 第307/311页, Lepronhon, *Vincent van Gogh*, Bonne, 巴黎, 1972, 第235页、第355页）。Lepronhon没有给出姓氏和信息出处。

20　1886年人口普查中记录了6个姑娘的年龄是在26-30岁之间（其中一人是西班牙人, 其他都是法国人）。1891年的普查中则有11人在22-43岁之间（其中一人是比利时人, 其他是法国人）。1886年的普查记录中列出的名单是Margueritte Aubert、Madeleine Montchamps、Prudencia Allonzo和Marie Laroche。1891年的名单有Marie Leon、Marie Denande、Henriette Chauvet、Antoinette Mesognan、Agathe Fouchon、Marie Colliard、Marie Thèrèse Estèves、Marie Albertine Azaïs和Marie Anne Ballandy。Marie Magnier（或Magnis）和Louis Bourdenove（Bourdeneuve）是唯一两位出现在两次普查名单中的。见市政档案记录, 阿尔勒。

21　她的教名是罗伯特起的, 全名在市政档案, 阿尔勒（档案号26, Maisondetolérance, 1871—1891）, 在1886年和1891年两次人口普查中, 《米里耶名录》, 米里耶, 巴黎, 1890。

22　Le Petit Marseillais, 1929.9.20（杜瓦托和勒鲁瓦中引用, 1936, 第7页）。罗伯特居住在Rue de Récollets, 离阿尔勒尽端路十分近（1888年选民登记, 市政档案, 阿尔勒, K38）。

23　阿尔方斯·罗伯特给维克多·杜瓦托/埃德加·勒鲁瓦的信, 1929.9.11（杜瓦托和勒鲁瓦, 1936, 第6页）。有关罗伯特的另外一些回忆的记录, 见本诺·斯托克维斯, *De Gronen Amsterdammer*, 1933.12.30。

24　《共和论坛报》（Henri Perruchot在*La Vie de Van Gogh*引用, Hachette, 巴黎, 1955, 第284页）, 《小南方人报》（贝利, 2005, 第34-36页）, 《法国画报》[*Le Petit Journal*]（贝利, 2013, 第12-13页和第210页）和《南方信使报》（刊印在此处）。《小南方人报》中的文章并没有在这份报纸中出现, 而是在卡庞特拉[Carpentras]的Inguimbertine图书馆的复印件里被发现。

25　高更, 1923, 第22页。

26　刊印在René Huyghe, *Le Carnet de Paul Gauguin*, Quatre Chemins, 巴黎, 1952, 副本, 第22-23页, 见文本卷, 第95-98页。

27　René Huyghe, *Le Carnet de Paul Gauguin*, Quatre Chemins, 巴黎, 1952, 副本, 第22-23页, 见文本卷, 第95-98页。

28　提奥给乔的信, 1888.12.24（Jansen and Robert, 1999, 第67页）。

29 提奥给乔的信，1888.12.28 和 30（Jansen and Robert, 1999, 第 70 页和第 74 页）。

30 提奥给乔的信，1888.12.28（Jansen and Robert, 1999, 第 70 页）。

31 莫索罗的圣保罗入院登记，1889.5.8; Théophile Peyron 医生报告，1889.5; 信 767 号（1889.5.2）和 776 号（约 1889.5.23）。

32 科尔死于 1901 年，威尔死于 1941 年。有关科尔，见 Chris Schoeman, *The Unknown Van Gogh: The Life of Cornelis van Gogh*, Zebra, 开普敦，2015。

第十七章 雷医生

1 信 760 号（1889.4.21）。

2 建筑师 Auguste Véran 画了一幅医院的平面图，1889 年 1 月 8 日，凡·高在的时候这里叫作 Hôtel-Dieu St.Esprit（市政档案，阿尔勒，1Fi124）。

3 鲁兰给提奥的信，1888.12.26（凡·高博物馆档案，b1065）。

4 雷给提奥的信，1888.12.29（凡·高博物馆档案，b1055）。

5 马西彼欧，1946，第 232 页。

6 雷给提奥的信，1888.12.30（凡·高博物馆档案，b1056）。

7 信 728 号（1889.1.2）。

8 信 729 号（1889.1.4）。

9 登记档案写着："凡·高，风景画家，35 岁，未婚，父亲 Thédore Carbentus 母亲 Anna Carbentus 双亡，荷兰津德特人 [Zundert]，自残一只耳朵。1888.12.24 入院，1889.1.7 出院。"还记录了提奥留了 100 法郎给凡·高做生活开销并帮他出院。见马西彼欧，1946，第 232 页。马西彼欧可能是从他的朋友、医院的药剂师艾梅·尼维埃那里获得登记信息的。（1893 年马西彼欧亲手送了自己的诗集给尼维埃 [马西彼欧，*L'Ordes Songes*, Vanier, 巴黎，1893, 私人收藏复印件]）。

10 信 732 号（1889.1.7）。凡·高称之为"医生朋友们"，不过很有可能他只是随便用这个词来指医院的高级员工。

11 有关弗朗斯瓦·于尔，见 Pasce Picard-Cajan, *Le Voyageimmobile de Monsieur Huard: Peintreet Archéologue Arlésien, 1792—1856,*

阿拉登博物馆，阿尔勒，1995。

12 凡·高为了为阿尔订了一件"优质的"核桃木框，可能是为了装裱画家的画作（信 778。1888.5.31）。另见斯托克维斯，1929，第 6 页。

13 医院高层中有许多都是普罗旺斯文化的积极推动者，雷、于阿尔、尼维埃和德隆都是阿尔勒 Félibrige 运动的核心成员，这是诗人弗里德里克·米斯特拉尔发起的运动（Claude Férigoule, "*Vincent van Goghetles Félibres*", Bulletindes Amisdu Vieil Arles, 1990.3, 第 8 页）。

14 见斯托克维斯，1929，第 6 页（斯托克维斯误把 Nivière 拼成 Neviève）以及杜瓦托和勒鲁瓦，1936，第 22 页（错拼成 Neuvière）。

15 信 732 号（1889.1.7）。德隆在 1901 年给雷医生写信询问自己是否可以购买凡·高为他画的肖像（Renè Garagnon, "*Histoire du Tableau de Van Gogh*", Bulletindes Amisdu Vieil Arles, 2007.12, 第 6 页和第 10）页。其他在阿尔勒的医生有：Th. Arnaud、Béraud、Castellanet、Duffaut、Denis Amédée Gay、C. Martin-Raget、Antoine Talon、Marie Jules Joseph Urpar。雷还认识 Aussoleil 医生，他来自蒙彼利埃，是癫痫病专家。

16 信 732 号（1889.1.7）。

17 信 739 号（1889.1.21）、764 号（1889.4.28-5.2）、767 号（1889.5.2）和 779 号（1889.6.9）。

18 信 736 号（1889.1.17）和 743 号（1889.1.28）。

19 信 735 号（1889.1.9）。

20 信 764 号（1889.4.28-5.2）。

21 照片可能来自雷的家庭，被博物馆获得。

22 每年在巴黎由 Raspail 发行。

23 2009 年版本的书信集评注中认为信封上画的是特殊的"新年"邮戳，是邮局在新年繁忙期才使用的（信 736 号，1889.1.17）。

24 凡·高可能将这幅画留在了车站咖啡馆，后在 1896 年前被吉努卖掉。见 Feilchenfeldt, 2006, 第 302-303 页和 Feilchenfeldt, 2013, 第 131 页。

25 信 735 号（1889.1.9）。

26 信 736 号（1889.1.17）。

27 信 738 号（1889.1.19）。

28 他后来创作于 1889 年 9 月的 3 幅自画像中都画着他完好的耳朵（F525、F526 和 F627）。

29 这是最早被乔·邦格卖掉的凡·高自画像之一，

1897 年卖给沃拉尔，所以她一定是在凡·高自杀后觉得包扎的耳朵看起来让人心烦意乱。

30 斯托克维斯，1929，第 4 页。

31 布罗曼，1928，第 452 页。

32 杜瓦托和勒鲁瓦，1939，第 51 页。

33 卡穆安给杜瓦托 / 勒鲁瓦的信，1937.11.22（杜瓦托和勒鲁瓦，1939，第 50 页）。

34 画于 1902 年。由 Tajan（Drouot）出售，巴黎，2002.4.18。刊印于 Daniele Giraudy, *Camoin: Sa Vie*, Son Oeuvre, Savoisienne, 马赛，1972，第 178 页。

35 与作者的访谈，1987.12.19。

36 雷也曾给卡穆安看过凡·高的另外 5 幅画，后来被他 1901 年卖掉，可能包括 F438、F440、F485 和 F537（莫利纳尔给雷的信，1901.4.15，RKD 档案，海牙；Feilchenfeldt，2005，第 297 页；Feilchenfeldt，2013，第 283 页），同样可能包括两幅画阿尔勒医院的作品（布罗曼，1928，第 453 页及莫利纳尔给雷的信，1901.4.15）。

37 科基奥手稿，约 1920，第 7 页（凡·高博物馆档案，b3348）。

38 与作者的访谈，1987.12.19。

39 斯托克维斯，1929，第 4 页；雷给 Leroy 的信，1929.11.14（杜瓦托和勒鲁瓦，1936，第 15 页）。

第十八章 春

1 信 760 号（1889.4.21）。

2 信 743 号（1889.1.28）。

3 信 745 号（1889.2.3）。凡·高有可能是在 2 月 2 日去过之后几周又一次来的，因为在过了 7 个星期之后他抱怨说当自己"画画、吃东西或在妓院找乐子 [（我）又没有老婆]"时总有人干涉他的生活（信 751，1889.3.22）。

4 萨勒给提奥的信，1899.2.7（凡·高博物馆档案，b1046）。

5 1889 年 2 月 7 日德隆医生的报告（Van Gogh à Arles，2003，第 62 页），及马西彼欧，1946，第 232 页。

6 高更，1923，第 21 页。

7 Van Gogh à Arles，2003，第 60–61 页。

8 Van Gogh à Arles，2003，第 64 页。约瑟夫·吉努也受到警察问话，并签署一份简单的声明。其他证人还有 Maria Viany，拉马丁广场一个

9 1889 年 2 月 27 日道尔纳诺的报告及 1889 年 3 月镇长 Jacques Tardieu 的命令（Van Gogh à Arles，2003，第 63–68 页）。

10 萨勒给提奥的信，1899.3.18（凡·高博物馆档案，b1049）。

11 萨勒给提奥的信，1899.2.26（凡·高博物馆档案，b1047）。

12 萨勒给提奥的信，1899.3.1（凡·高博物馆档案，b1048）。

13 尽管令人惊讶的是提奥在圣诞节那次之后再也没有去过阿尔勒，但他确实是为自己的婚姻生活而忙碌做准备。见信 749 号（1889.3.16），及提奥给乔的信，1889.3.16（Jansen and Robert，1999，第 222 页）。

14 信 756 号（1889.4.10）和 758 号（1889.4.14–17）。

15 信 753 号（1889.3.29）。

16 信 754 号（约 1889.4.4）。7 年前凡·高就曾写过会有"偶然难看的抽搐"（见信 221 号，约 1882.4.26），另见安娜（母亲）给提奥的信，1879.4.15（凡·高博物馆档案，b2492）。

17 信 760 号（1889.4.21）。

18 信 765 号（1889.4.30）。

19 信 756 号（1889.4.10）。自 20 世纪 50 年代之后，这幅画就一直被称为"在克劳的桃花"，但其实画家完成它的地方是 Trébon（克劳在更南边的位置）。《普罗旺斯的收获》（图 37）是一年前在差不多的位置画的。

20 信 756 号（1889.4.10）。1889 年 4 月 5 日到 9 日一直在下面。《前景中有鸢尾花的阿尔勒风景》（图 59）可能是一年前在差不多的位置画的。

21 医院原本应该在地平线的左边。

22 凡·高在 1889 年 4 月还完成了另外 4 幅风景画：F511、F517、F520 和 F575。

23 信 764 号（1889.4.28–5.2）。

24 有证据表明凡·高曾在医院还画过其他一些作品，令人心焦的是现在却已遗失。雷宣称自己曾经拥有一幅"医院花园"（不是图 117，这幅是寄给提奥的）和"带自画像的病房"（布罗曼，1928，第 453 页）。尼维埃似乎也曾经拥有另一幅病房的画（斯托克维斯，1929，第 6 页）。马西彼欧说曾见过"医院花园的景色"，可能就是雷的那幅（马西彼欧，1946，第 232 页）。

25 信 760 号（1889.4.21）。

26 萨勒给提奥的信，1899.5.10（凡·高博物馆档案，

b1052)。

27 F608。

后记　凡·高的床

1 信856号（1890.2.19）。

2 信677号（1888.9.9），另见信664号（1888. 8.19-20）。

3 信705号（1888.10.16）和677号（1888.9.9）。

4 信706号（1888.10.17）。

5 凡·高给提奥写信，开头说"我以后会画/刷（床）"，看起来似乎指的是给木头刷漆（译者注：paint有刷油漆的意思，也有画画的意思）。但后来在同一封信中他又写道："我要画自己的床，将会有3个主题。或许一个裸女，我还没有决定，或许画一个孩子在摇篮里。"（信677号，1888.9.9）他应该不是说自己要给床刷漆（他也没有给任何家具刷过漆；1888年10月的《卧室》中的床也是未刷漆；床尾的板条看起来也不太容易上漆；提奥似乎并没有质疑画/刷床的奇怪想法，这在当时会降低其经济价值；并且没有迹象表明在凡·高死后这张一直保存至20世纪40年代的床被刷过漆）。凡·高或许指的是他的卧室，而不是床。另有一种不同的观点，见路易·凡·蒂尔堡，Groom，2015，第67页，注97。

6 高更，1923，第22页。

7 信736号（1889.1.17）。

8 信765号（1889.4.30）。

9 信865号（约1890.5.1）。

10 乔给提奥的信，1890.8.1，提奥给乔的信，1890.8.1（Jansenand Robert，1999，第277页和第279页）。

11 凡·高·威廉给费尔南·伯努瓦的信，1937.7.12（凡·高博物馆档案，b7141）。

12 20世纪30年代末，伯努瓦在阿拉登博物馆布置了一间展厅的展览，展示凡·高作品的复制品和当地雕刻家GastondeLuppé创作的凡·高头像。

13 雷给居斯塔夫·科基奥的信，1922.3.17（凡·高博物馆档案，b3282）。

14 科基奥，1923，第169-170页。

15 最早提到凡·高的旅游指南应该是费尔南·伯努瓦，《阿尔勒》，Rey，里昂，1927，第22页。

16 截至1944年8月15日，阿尔勒还发生过5次炸弹袭击，造成严重的损失和伤亡。

17 约翰·凡·高，"The History of the Collection" in Evertvan Uitert和MichaelHoyle，The Rijksmuseum Vincent van Gogh，Meulenhoff，阿姆斯特丹，1987，第5页。

18 Kardas（图文），"Lessujets de Van Goghaujourd'hui"，L'Art Vivant，1933.9，第394-395页。另见"The Subjects of Van Goghastheyappearto-day"，The Studio，1934.8，第92页。照片摄于1933.4。

19 与作者的访谈，2015.8.6。

20 特奥多尔·凡·高于1945年3月8日在阿姆斯特丹被射杀。他因参与荷兰反抗并袭击德国高级军官Hans Rauter的行动与250人一同被枪决。

21 Teun Koetsier，"Larenen Boxmeer, 70 jaar Geleden"，2015（网络可查）。Koetsier后来发现我们在此刊印的照片摄于1945年9月6日。

22 信628号（约1888.6.19）和687号（1888.9.25）。

23 刊印在Résisteren Paysd'Arles，Actes Sud，阿尔勒，2014，第122-123页（美军摄影，阿尔勒收藏）。

24 明信片上印着"1944年6月25日轰炸后的凡·高住宅"，摄影Emilien Barral，发行方不明。

沿着凡·高的足迹

1 过去，凡·高的展览有：1951年、1961年在阿尔勒的雷阿图博物馆，1989年在凡·高空间（医院旧址），2003年阿尔勒的凡·高基金会在Rond-Pointd es Arènes。2014年，阿尔勒凡·高基金会在方东医生大街开启了新物产，从此开始定期租借艺术家的作品做展览。

2 F398和F480。

3 凡·高其他的堤岸风景还有F426、F437和F438。

4 信739号（1889.1.21）。

5 F550

6 另一幅风景为F565。

7 F1496。

8 F657和F658。

参考文献

Arles newspapers: *L'Homme de Bronze, Le Forum Républicain* and *L'Etoile du Midi*, 1888–1889 (available at the Bibliothèque Municipale d'Arles)

Martin Bailey, 'Drama at Arles: New light on Van Gogh's self-mutilation', *Apollo*, September 2005, pp. 31–41

Martin Bailey, 'How Van Gogh saw Arles', in Klaus Albrecht Schröder and others, *Van Gogh: Heartfelt Lines*, Albertina, Vienna, 2008, pp. 68–81

Martin Bailey, *The Sunflowers are Mine: The Story of Van Gogh's Masterpiece*, Frances Lincoln, London, 2013

Max Braumann, 'Bei Freunden Van Goghs in Arles', *Kunst und Künstler*, September 1928, pp. 451–454

Bulletin des Amis du Vieil Arles, Arles (various issues, particularly articles by René Garagnon)

Bernhard Bürgi and others, *Vincent van Gogh: Between Earth and Heaven, the Landscapes*, Kunstmuseum Basel, 2009

Jean-Paul Clébert and Pierre Richard, *La Provence de van Gogh*, Edisud, Aix-en-Provence, 1981

Gustave Coquiot, *Vincent van Gogh*, Ollendorff, Paris, 1923

Victor Doiteau and Edgar Leroy, *La Folie de Vincent van Gogh*, Aesculape, Paris, 1928

Victor Doiteau and Edgar Leroy, *Van Gogh et le Drame de l'Oreille coupée*, Aesculape, Paris, July 1936

Victor Doiteau and Edgar Leroy, 'Van Gogh et le Portrait du Dr Rey', *Aesculape*, February 1939,
pp. 42–47 and March 1939, pp. 50-55

Roland Dorn, *Décoration: Vincent van Goghs Werkreihe für das Gelbe Haus in Arles*, Olms, Hildesheim, 1990

Douglas W. Druick and Peter Kort Zegers, *Van Gogh and Gauguin: The Studio of the South*, Art Institute of Chicago, 2001

Michel Duplessy, *L'Indicateur Arlésien*, Arles, 1887

Jacob-Bart de la Faille, *The Works of Vincent van Gogh: His Paintings and Drawings*,
Meulenhoff, Amsterdam, 1970

Walter Feilchenfeldt, *By Appointment Only: Cézanne, Van Gogh and some secrets of art dealing*, Thames & Hudson, London, 2006

Walter Feilchenfeldt, *Vincent van Gogh: The Years in France, Complete Paintings*, Wilson, London, 2013

Anne-Birgitte Fonsmark, *Van Gogh, Gauguin, Bernard: Friction of Ideas*, Ordrupgaard, Copenhagen, 2014

Paul Gauguin, *Avant et Après*, Crès, Paris, 1923 (originally partly published in Charles Morice,
'Paul Gauguin', *Mercure de France*, October 1903,
pp. 100–135)

Martin Gayford, *The Yellow House: Van Gogh, Gauguin and nine turbulent weeks in Arles*, Fig Tree, London, 2006

Judit Geskó, *Van Gogh in Budapest*, Museum of Fine Arts, Budapest, 2006

Gloria Groom (ed), *Van Gogh's Bedrooms*, Art Institute of Chicago, 2016

Ella Hendriks and Louis van Tilborgh, *Vincent van Gogh Paintings: Antwerp & Paris 1885–1888*, Van Gogh Museum, Amsterdam, 2011, vol. ii

Sjraar van Heugten, *Van Gogh: Colours of the North, Colours of the South*, Fondation Vincent van Gogh Arles/Actes Sud, 2014

Sjraar van Heugten, *Van Gogh Drawings: Influences & Innovations*, Fondation Vincent van Gogh Arles/Actes Sud, 2015

Sjraar van Heugten, *Van Gogh in Provence: Modernizing Tradition*, Fondation Vincent van Gogh Arles/Actes Sud, 2016

Cornelia Homburg, *Vincent van Gogh and the Painters of the Petit Boulevard*, Saint Louis Art Museum, 2001

Cornelia Homburg, *Vincent van Gogh: Timeless Country – Modern City*, Skira, Milan, 2010

Jan Hulsker, *Vincent and Theo van Gogh: A dual biography*, Fuller, Ann Arbor, 1990

Jan Hulsker, *The New Complete Van Gogh: Paintings, Drawings, Sketches*, Meulenhoff, Amsterdam, 1996

L'Indicateur Marseillais, Allard and Bertrand,

Marseille, 1887, 1888 and 1889

Colta Ives, Susan Alyson Stein, Sjraar van Heugten and Marije Vellekoop, *Vincent van Gogh: The Drawings*, Metropolitan Museum of Art, New York, 2005

Leo Jansen and Jan Robert (eds), *Brief Happiness: The correspondence of Theo van Gogh and Jo Bonger*, Van Gogh Museum, Amsterdam, 1999

Leo Jansen, Hans Luijten, Nienke Bakker, *Vincent van Gogh – The Letters: The Complete Illustrated and Annotated Edition*, Thames & Hudson, London, 2009, 6 vols (www.vangoghletters.org)

Vojtěch Jirat-Wasiutyński, 'A Dutchman in the south of France: Van Gogh's "romance" of Arles', *Van Gogh Museum Journal*, 2002, pp. 79–89

Stefan Koldehoff, *Van Gogh: Mythos und Wirklichkeit*, Dumont, Cologne, 2003

Edgar Leroy, see under Doiteau

La Lettre de Vincent (newsletter), Association des Amis de Vincent van Gogh, Arles, 1987–1991

Sylvie Malige, 'La Postérité de Vincent van Gogh en Arles', Université Paul Valéry, Montpellier, 2001 (unpublished thesis, available at the Bibliothèque Municipale d'Arles)

Alfred Massebieau, *Mercure de France*, 1 December 1946, pp. 231–232

Julius Meier-Graefe, *Vincent van Gogh: A Biographical Study*, Medici, London, 1922, 2 vols

Victor Merlhès, *Correspondance de Paul Gauguin 1873–1888*, Singer-Polignac, Paris, 1984

Victor Merlhès, *Paul Gauguin et Vincent van Gogh 1887–1888: Lettres retrouvées, sources ignorées*, Avant et Après, Papeete, 1989

Victor Merlhès, *De Bretagne en Polynésie: Paul Gauguin, pages inédites*, Avant et Après, Papeete, 1995

Steven Naifeh and Gregory White Smith, *Van Gogh: The Life*, Profile, London, 2011

Ronald Pickvance, *Van Gogh in Arles*,

Metropolitan Museum of Art, New York, 1984

Louis Piérard, *La Vie Tragique de Vincent van Gogh*, Crès, Paris, 1924

Louis Piérard, *The Tragic Life of Vincent van Gogh*, Castle, London, 1925

John Rewald, 'Van Gogh en Provence', *L'Amour de L'Art*, October 1936, pp. 289–298

John Rewald, 'Van Gogh vs. Nature: Did Vincent or the Camera Lie?', *Artnews*, 1 April 1942

John Rewald, *Post-Impressionism: From Van Gogh to Gauguin*, Museum of Modern Art, New York, 1978 (3rd ed)

Mark Roskill, *Van Gogh, Gauguin and the Impressionist Circle*, Thames & Hudson, London, 1970

Jean-Maurice Rouquette (ed), *Arles: Histoire, Territoires et Cultures*, Nationale, Paris, 2008

Klaus Albrecht Schröder and others, *Van Gogh: Heartfelt Lines*, Albertina, Vienna, 2008

Debora Silverman, 'Framing art and sacred realism: Van Gogh's ways of seeing Arles', *Van Gogh Museum Journal*, 2001, pp. 45–61

Timothy Standring and Louis van Tilborgh, *Becoming Van Gogh*, Denver Art Museum, 2012

Susan Alyson Stein, *Van Gogh: A Retrospective*, Park Lane, New York, 1986

Benno Stokvis, 'Vincent van Gogh à Arles', *Gand Artistique*, January 1929, pp. 1–9

Marc Tralbaut, *Vincent van Gogh*, Viking, New York, 1969

Van Gogh à Arles: Dessins 1888–1889, Fondation Vincent van Gogh Arles, 2003

Van Gogh et Arles: Exposition du Centenaire, Musées d'Arles, 1989

Marije Vellekoop and Roelie Zwikker, *Vincent van Gogh Drawings: Arles, Saint-Rémy & Auvers-sur-Oise 1888–1890*, Van Gogh Museum, Amsterdam, 2007, vol. iv

Daniel Wildenstein, *Gauguin: A Savage in the Making, Catalogue Raisonné of the Paintings (1873–1888)*, Wildenstein Institute, Paris, 2002, 2 vols

敬告读者

本书中凡·高的信件编号出自《文森特·凡·高的信件：完整插图注释版》2009年最终版，由Leo Jansen、Hans Luijten和Nienke Bakker编辑（www.vangoghletters.org）。有时我对有些翻译稍做修改，已加注说明。文中凡·高的作品用F打头的数字编号出自1970年由Jacob-Bart de la Faille编撰的《文森特·凡·高的作品：他的油画与素描》。高更在1888年之前的信件出自Victor Merlhès1984年编撰的《保罗·高更的通信（1873—1888）》。他的作品用W打头的数字编号则源自2002年Daniel Wildenstein的《高更：酝酿中的蛮人，油画作品编目（1873—1888）》。除非特殊情况，本书中的插图均为·凡高作品。插图的尺寸标注方式是高×宽（厘米）。阿姆斯特丹凡·高博物馆中的作品和档案主要属于其家族创立的文森特·凡·高基金会。注释中反复出现的出处均使用缩写，完整版见参考文献。

图片版权

The Publishers would like to thank those listed here for permission to reproduce artworks illustrated in this book and for supplying photographs. Every care has been taken to trace copyright holders. Any we have been unable to reach are invited to contact the publishers so that a full acknowledgement may be given in subsequent editions.

akg-images: 44, 59, 66 (Erich Lessing), 78, 87 below, 96, 106, 111, 116, 117, 118 (MPortfolio/Electa), 121, 135, 147, 150 (André Held), 178 (André Held)

Archives Van Gogh Museum, Amsterdam: 164 right (T-331)

Collection of the Museon Arlaten, musée départemental d'ethnographie, cliché J.L. Maby:
115 left

The Art Archive: 28 (Mondadori Portfolio/ Electa),
30 (Mondadori Portfolio/Electa), 55 (DeA Picture Library), 69 (DeA Picture Library), 70 (The Solomon R. Guggenheim Foundation/ Art Resource, New York/Thannhauser Collection, Gift, Justin K. Thannhauser, 1978 78.2514.19), 72 (DeA Picture Library), 74 left (DeA Picture Library), 85 (Musée d'Orsay Paris/Collection Dagli Orti), 120 (Musée d'Orsay, Paris/Mondadori Portfolio/Electa), 132 (Musée d'Orsay, Paris/Collection Dagli Orti), 133 (Pushkin Museum, Moscow/ Superstock), 138 (Hermitage Museum, Saint Petersburg/Superstock), 140 (Musée d'Orsay,

Paris/Collection Dagli Orti), 166 (DeA Picture Library)

Courtesy of Association pour un Musée de la Résistance et de la Déportation en Arles et Pays
d'Arles collège Frédéric Mistral, photo by the US Army: 186 above

© The Barnes Foundation: 88, 93, 122, 129

Courtesy of Mairie de Bordeaux: 128

Bridgeman Art Library, London: 20 (Musee Rodin, Paris, France/Flammarion), 38 (Photo © Lefevre
Fine Art Ltd., London), 39, 42, 46, 67 (Musee Rodin, Paris/Flammarion), 68 (Kunstmuseum, Winterthur/De Agostini Picture Library), 86 (Photo
© Christie's Images), 97 (National Gallery, London),
102 (Rijksmuseum Kröller-Müller, Otterlo), 130 (National Gallery, London), 134 (Pushkin Museum, Moscow), 141 (Photo © Christie's Images), 143 (National Gallery, London), 144 (Museum of Fine Arts, Boston, Massachusetts/ Gift of Robert Treat Paine, 2nd), 146 (Museum of Fine Arts, Boston, Massachusetts/Gift of Robert Treat Paine, 2nd),
148 (Saint Louis Art Museum, Missouri/ Funds
given by Mrs Mark C. Steinberg), 151 (Museum of Fine Arts, Boston, Massachusetts/ Bequest of John
T. Spaulding), 160 (Pushkin Museum, Moscow),

致谢

首先向2009年版的凡·高书信集（共902篇）的三位编辑表达我最诚挚的感谢，他们是Leo Jansen、Hans Luijten和Nienke Bakker。我要特别感谢阿姆斯特丹凡·高博物馆的同行们（现在的及曾经的），尤其是Isolde Cael、Maite van Dijk、Ella Hendriks、Monique Hageman、Anita Homan、Chris Stolwijk、Sjraar van Heugten、Fieke Pabst、Teio Meedendorp、Axel Rüger、Louis van Tilborgh、Lucinda Timmermans、Marije Vellekoop和Anita Vriend。能够在博物馆里的图书馆工作真是一种优待和殊荣，这里藏有一些有关凡·高的早期出版物，由提奥的儿子文森特·威廉收集。阿尔勒市政档案馆的Sylvie Rebuttini、Michel Baudat及同事也对我提供重要协助。此外还有阿尔勒市立图书馆的Fabienne Martin和她的同伴。我还要感谢伦敦图书馆。其他在各个方面给予我慷慨帮助的还有David Brooks、Barbara Buckley、Anne-Laure Charrier-Ranoux、Roland Courtot、Bice Curiger、Victore Doiteau、Douglas Druick、Walter Feilchenfeldt、Martin Gayford、Pierre Gazanhes、Gloria Groom、Tine van Houts、Marion Jeux、Teun Koetsier、Stefan Koldehoff、Margje Leeuwestein、Jacqueline Leroy、Bernadette Murphy、Steven Naifeh、Henry Travers Newton、James Roundell、Daniel Rouvier、Ashok Roy、Dominique Séréna-Allier、Gregory Smith、Ben Solms、Susan Stein、Anders Toftgaard、Janine Wookey和Peter Zegers。两位来自外省和阿姆斯特丹的朋友Onelia Cardettini和Jaap Woldendorp也一如往常在调研工作和理解复杂的法语、荷兰语文字内容上给予我极大的帮助。也要感谢Frances Lincoln出版社，感谢出版商Andrew Dunn，以及出色的图片研究员Anna Watson。我还要感谢一位尤为重要的人，Nicki Davis，我们在《我心如葵——凡·高的画语人生》时就一起合作。她是完美的编辑，为我设计了雅致的版面。我也要再次深深地感谢我的妻子Alison，感谢她陪我一起完成阿尔勒的发现之旅，也感谢她在编校上的协助。